당신만 모르는 외국계 기업 취업의 비밀

글로벌 인재로 거듭나기 위한 글로벌 취업 입문서

당신만 모르는 외국계 기업 취업의 비밀

1판 1쇄 펴낸날 2017년 9월 28일

지은이 이영민
펴낸이 나성원
펴낸곳 나비의활주로

책임편집 권영선
디자인 design BIGWAVE

주소 서울시 강북구 삼양로 85길, 36
전화 070-7643-7272
팩스 02-6499-0595
전자우편 butterflyrun@naver.com
출판등록 제2010-000138호

ISBN 979-11-88230-17-4 03320

글로벌 인재로 거듭나기 위한 글로벌 취업 입문서

당신만 모르는 외국계 기업 취업의 비밀

이영민 지음

나비의 활주로

서문

왜 외국계 기업에 관심을 가져야 하는가?

이미 많은 분들이 아시다시피 국내 기업들의 일자리는 해마다 감소하고 있습니다. 취업포털 <잡코리아>는 국내 매출액 상위 500대 기업을 대상으로 2017년 상반기 4년제 대학 졸업 정규 신입직 채용 계획에 대해 설문조사한 결과를 발표했습니다. 조사에 응한 312개사 중 34.3%(107개사)만이 대졸 신입공채를 진행한다고 밝혔고, 44.6%(139개사)는 신입 채용 계획 자체가 없는 것으로 나타났습니다. 아직 채용 여부를 결정하지 못한 기업도 21.2%(66개사)에 달했습니다. 대기업 세 곳 중 두 곳은 상반기 공채 계획이 없거나 못 정했다고 보시면 될 것 같습니다. 이렇듯 대기업을 포함한 많은 기업들이 점차 채용을 줄여나가고 있고, 구조조정 등을 통해 직원 수를 줄이고 있습니다.

반면 지난 5년간 한국에 진출한 외국계 기업은 2016년 기준으로 연평균 50~80개씩 증가하고 있습니다. 외국인 직접투자 역시 최근 2년간 사상 최고치를 기록할 만큼 활발하게 이루어지고 있고, 국내 외국계 기업에 많은 채용 기회가 열리고 있습니다. 외국계 기업으로의 취업은 물론 외국계 기업에서의 성공적인 적응과 경력 관리를 위해서는 무엇보다 외국계 기업의 특성에 대해 잘 알아야 하겠습니다.

저는 사회생활을 시작할 때부터 다른 사람의 커리어(경력)에 굉장히 관심이 많았습니다. 왜냐하면 커리어라는 것은 한 사람이 자신이 일하는 분야에서 어떤 업무를 해왔는지, 전문성을 갖추기 위해 어떤 노력해왔는지를 나타내는 그림이라고 생각하기 때문입니다. 사람마다 커리어가 너무나 다채롭고 다양해서 지속적으로 관심을 갖기에 충분한 주제였습니다. 특히 직장생활의 꽃이라고 할 수 있는 임원이나 CEOChief Executive Officer, 최고경영자들은 어떤 커리어를 밟아왔는지 상당히 오랜 시간 찾아보고 정리해보기도 했습니다. 이런 호기심이 발전해서 2006년부터는 개인적으로 커리어 관련 개인 블로그를 시작했고, 해당 분야에서 전문가라고 할 수 있는 사람들의 정보나 글을 모으기 시작했습니다. 다양한 기업에서 인사, 인재개발 업무를 하면서 사람마다 어떤 경력을 갖고 쌓아나가는지 유심히 지켜보기도 했습니다. 그러다 MBA 과정을 밟으면서 외국계 기업에 대한 관심이 더 깊어지기 시작했습니다.

외국계 기업에 재직 중인 분들이 주변에 많아서 외국계 기업들에는 어떤 특성들이 있는지 들을 수 있었고 수업 중에 GE제너럴일렉트릭, BMW비엠더블유, Corning코닝, Cummins커민스, Amway암웨이, BASF바스프, Towers Perrin타워스페린, Accenture액센츄어, Grundfos그런포스, Macquarie맥쿼리캐피탈, 현대오일뱅크(당시 외국계) 등 외국계 기업의 CEO 및 회장님들을 직접 뵙고 강의를 들으면서 앞으로의 커리어에 대한 좋은 이야기와 많은 조언을 듣기도 했습니다. 그러다 보니 자연스럽게 외국계 기업에 대한 관심이 더 커졌고, 졸업 후 국내 대기업과 외국계 기업에 동시에 합격을 한 저는 당시 외국계 기업의 연봉이 40% 정도 낮았음에도 불구하고 리더가 될 수 있는 기회와 성장적인 측면을 보고 외국계 기업으로 입사를 결정하게 되었습니다. 외국계 기업에 입사한 후에도 외국계 기업에서 근무하셨던 분들을 채용하고, 근무 경험을 갖고 계신 많은 분들과 업무를 하면서 커리어 및 조직문화에 대한 많은 이야기를 들을 수 있었고, 해외 지사의 업무를 하면서 해외 근무에 대한 관심도 높아지게 되었습니다. 그렇게 재직 중에 팀장까지 맡게 되었습니다.

2011년 7월부터는 'HR인사, 교육 담당'과 '외국계 기업'을 중심으로 '글로벌HR'이라는 국내 최고의 인사, 교육 실무자 커뮤니티를 운영하기 시작했습니다. 회사에 재직 시절 약 1년 반 동안 5,000명 정도의 실무자들이 가입해 활동했고, 현재는 15,000명이 넘는 HR 실무자 커뮤니티로 성장하게 되었습니다. 또한 2012년부터 다양한 기업의 정보와 근무 경험을 바탕으로 취업준비생과 직장에 다니는 직장인 수백 명을 대상으로 커리어 컨설팅을 성공적으로 진행해오고 있습니다. 저는 직장생활을 하면서 개인적으로 이직도 많이 하고, 약 30개 이상의 국내 외국계 기업에 면접을 보기도 했습니다. 그동안 합격한 곳도 있고, 떨어진 곳도 있었는데 면접을 보면서 실제로 얻은 정보들이 많은 도움이 되었습니다.

2012년 말, 저는 회사를 그만두고 기업교육컨설팅과 커리어컨설팅 전문기관인 '와이엠컨설팅'을 설립하고 약 5년간 회사를 경영해오고 있습니다. 현재까지 약 60개 이상의 기업과 25개 이상의 대학에서 강의와 컨설팅을 수행해왔으며, 여러 대학에 강의를 나가면서 앞으로의 취업 방향과 트렌드는 '직무 역량'과 '외국계 기업' 중심으로 바뀔 것이라고 대학 측에 여러 차례 말씀을 드리기도 했습니다. 덕분에 가톨릭대, 전남대, 덕성여대, 삼육대, 한림대 등 와이엠컨설팅에서 지속적으로 강의를 나가는 대학들은 제 의견을 수렴하여 외국계 기업의 취업 프로그램을 운영하며 국내 대기업에 국한된 학생들의 관심을 넓혀주고 있습니다.

저는 6년간 '글로벌HR'을 운영하면서 만난 많은 외국계 인사담당자 분들과 실질적인 정보를 교류해왔고, 외국계 기업에서 실제 근무한 경험도 가지고 있습니다. '글로벌HR'을 통해 기업 인사담당자들을 포함해 수년간 직장인과 대학생들을 대상으로 일대일 커리어 코칭을 진행해오면서 얻은 정보들, 외국계 기업 중심의 채용대행서비스 '와이엠커리어'를 통해 얻은 실질적인 정보들을 모두 이 책에 담고자 했습니다. 또한 국내가 아닌 외국에서 설립된 회사(합작회사 포함), 미국과 유럽 중심의 외국계 회사를 다루고 있습니다. 일부 아시아 기업들도 있지만 대부분은 서양 기업 중심의 내용입니다.

이 책은 총 4부로 이루어져 있습니다. 1부는 외국계 기업에 대한 전반적인 소개, 2부는 외국계 기업의 입사 전략, 3부는 외국계 기업 근무 경험자들의 인터뷰, 그리고 4부는 국내에서 최근에 채용을 진행한 경험이 있는 외국계 기업 100곳의 간략한 정보를 담고 있습니다.

이 책은 전문가들을 위해 쓰여진 책이 아니라 외국계 기업에 관심이 있거나 취업 또는 이직을 희망하는 분들을 위해 쓰여진 책이라는 점을 분명히 밝혀드립니다. 이 책을 쓰게 된 이유는 크게 세 가지입니다.

첫째, 외국계 기업에 대한 정보가 턱없이 부족하고 잘못된 정보로 인해 외국계 기업에 관심이 있음에도 지원하지 못하는 분들이 많다는 사실에 안타까움을 느꼈습니다. 물론 GE Korea 등 일부 외국계 기업이 공인영어 성적을 요구하기도 하지만 대다수의 외국계 기업들은 국내 기업들에 비해 공인영어 성적을 중요하게 생각하지 않습니다. 토익 점수가 높다고 영어를 잘하는 것이 아니라는 것을 잘 알고 있기 때문입니다. 그럼에도 불구하고 많은 분들이 외국계 기업에 들어가려면 영어 실력이 매우 뛰어나야 한다거나 공인영어 점수가 높아야 한다는 잘못된 정보로 인해 외국계 기업으로의 취업이나 이직에 도전조차 하지 않는 것이 현실입니다. 국내 대기업의 채용은 앞으로도 줄어들 것이고, 구조조정 등으로 인력을 감축하는 등 국내 기업의 일자리는 점점 줄어들 것이라는 사실을 명심해야 합니다.

둘째, 외국계 기업은 국내 기업에 비해 상대적으로 여성들이 일하기 좋은 조직문화를 가지고 있습니다. 여성 인력의 비중이 훨씬 높을 뿐만 아니라 여성을 더 선호하는 곳도 많습니다. 학력, 성별, 나이로 인한 차별에서 벗어나 실력으로 인정받는 곳에서 커리어를 시작하기를 기대하며 보다 현실적인 일자리를 제안하고 싶었습니다.

끝으로 외국계 기업에 더 많은 인재들이 입사함으로써 외국계 기업에 필요한 인력들이 많아지기를 기대하며 이 책을 쓰게 되었습니다.

이 책 한 권에 모든 외국계 기업의 문화와 특성을 다 담을 수 없는 현실적인 한계는 분명히 있었지만 최대한 제가 알고 있는 모든 내용을 담으려고 노력했습니다. 그동안 취업이나 이직을 준비하며 외국계 기업에 관심은 있으나 도전조차 못했던 분들에게 이 책이 조금이나마 도움이 되었으면 합니다.

와이엠컨설팅 김지영, 소정섭, 임선현, 엄수진, 와이엠커리어 문보연, 글로벌HR 스텝(김욱, 재형, 대원, 민규, 승규, 영현, 민제, 재원, 남기), 전남대, 가톨릭대, 삼육대, 한림대 外 대학교 취업/진로 담당 교수님, 선생님, 사랑하는 부모님, 아내와 딸, 그리고 하나님께 진심으로 감사를 드립니다.

이영민

CONTENTS

PART 1
외국계 기업 들여다보기

PART 2
외국계 기업 취업하기

FOREIGN AFFILIATED

PART 1

외국계 기업 들여다보기

외국계 기업이 국내에 많이 진출해 있음에도 왜 사람들이 외국계 기업으로 취업이나 이직을 하지 않을까요? 가장 큰 이유는 외국계 기업에 대한 정보가 많지 않거나 잘못된 정보를 가지고 있기 때문이라고 생각합니다. 외국계 기업이라고 하면 아마도 많은 분들이 원어민 수준의 영어 실력을 떠올리실 것입니다. 실제로 외국계 기업을 선호하는 구직자를 대상으로 조사해본 결과 구직에 가장 필요한 조건에 대한 응답으로 무려 62.5%가 어학 능력이라고 답변했습니다. 그러나 모든 외국계 기업이 원어민 수준의 영어 실력을 원하는 것은 아닙니다. 영어를 많이 써야만 하는 일부 직무를 제외하고는 영어를 잘 사용하지 않는 직무들도 많고, 영어 면접을 보지 않는 기업도 많습니다. 1부에서는 외국계 기업의 보편적인 문화와 특성에 대해 알아보겠습니다.

외국계 기업, 어떤 점이 좋을까?

"외국계 기업에 관심도 많고 입사도 하고 싶지만 영어를 잘하지 못해서 지원조차 하지 않고 있습니다. 외국계 기업에 들어가려면 원어민처럼 영어를 무지 잘해야 하는 것 아닌가요?"

국내 대기업과 외국계 기업의 차이는 무엇일까요? 여러 가지가 있겠지만 '성장'과 '기회' 부분이 가장 큰 차이일 것입니다. 국내 기업은 여전히 나이, 성별 등의 차별이 존재하며 연공서열 중심의 문화를 갖고 있다 보니 나이와 상관없이 실적과 실력만으로 높은 자리에 올라가는 데에는 분명히 한계가 있습니다. 반면 외국계 기업에서는 나이, 성별 등과 무관하게 철저히 성과나 실적에 따라 더 큰 기회를 주고 있습니다.

국내 20~30대 구직자들을 대상으로 한 취업포털 〈잡코리아〉와 대학생 매거진 캠퍼스 〈잡앤조이〉의 설문조사에 따르면 외국계 기업들에 대한 취업 선호도가 매우 높은 것으로 나타났습니다. 물론 순위도 중요하지만 각 회사들이 어떤 특성과 구조를 가지고 있는지 간단히 알아보도록 하겠습니다.

순위	회사명(2012년)	순위	회사명(2015년)
1	구글코리아	1	구글코리아
2	애플코리아	2	유한킴벌리
3	BMW코리아	3	애플코리아
4	유한킴벌리	4	한국쓰리엠
5	스타벅스커피코리아	5	BMW코리아
6	소니코리아	6	스타벅스커피코리아
7	GE코리아	7	한국지멘스
8	한국쓰리엠	8	한국마이크로소프트
9	로레알코리아	9	나이키스포츠
10	한국IBM	10	아우디폭스바겐
11	넥슨코리아	11	한국피앤지
12	아디다스코리아	12	GE코리아
13	한국마이크로소프트	13	한국씨티은행
14	한국씨티은행	14	홈플러스
15	르노삼성자동차	15	동서석유화학
16	아우디폭스바겐코리아	16	한국존슨앤드존슨메디칼
17	나이키스포츠	17	위니아만도
18	도이치증권	18	한국화이자제약
19	한국피앤지	19	소니코리아
20	ING생명보험	20	볼보그룹코리아
21	코스트코코리아	21	한국바스프
22	모토로라코리아	22	루이비통코리아
23	이베이코리아	23	이베이코리아
24	한국GM	24	필립스코리아
25	홈플러스	25	아디다스코리아
26	라이나생명보험	26	로레알코리아
27	필립스전자	27	한국스탠다드차타드은행
28	맥쿼리증권	28	도레이첨단소재
29	한국화이자제약	29	한국암웨이

출처: 취업포털 <잡코리아>, <잡앤조이> 조사 결과

2012년, 한국경제매거진에서 20~30대 구직자 504명을 대상으로 설문조사를 한 결과에 따르면 외국계 기업의 선호도는 앞 페이지의 표와 같이 나타났습니다. 이를 보면 구글코리아, 애플코리아, BMW코리아, 유한킴벌리, 스타벅스커피코리아, 소니코리아, GE코리아, 한국쓰리엠, 로레알코리아, 한국IBM, 넥슨코리아, 아디다스코리아, 한국마이크로소프트, 한국씨티은행, 르노삼성자동차, 아우디폭스바겐코리아, 나이키스포츠, 도이치증권, 한국피앤지, ING생명보험, 코스트코코리아, 모토로라코리아, 이베이코리아, 한국GM, 홈플러스, 라이나생명보험, 필립스전자, 맥쿼리증권, 한국화이자제약 순서로 많은 관심을 보이는 것을 알 수 있습니다.

이 회사들은 다양한 구조를 가지고 있습니다. 유한킴벌리Yuhan-Kimberly의 경우 양성평등의 선진화된 조직문화를 가져 여성들이 일하기 좋은 기업으로 알려져 있고, 어려운 시기에도 구조조정을 하지 않고 일을 나누어 어려움을 이겨낸 회사로 잘 알려져 있습니다. 유한킴벌리라는 이름에도 나타나 있듯이 국내 최고의 제약회사인 유한양행과 미국의 소비재회사인 킴벌리클라크Kimberly-Clark의 합작회사로서 두 회사가 특정 지역의 비즈니스적 효율성과 성과를 위해 같이 일정 비율로 투자하여 설립한 회사입니다. 당연히 유한킴벌리는 우리나라에서 비즈니스를 목적으로 설립된 회사로 국내에만 존재하는 회사명입니다.

많은 분들이 즐겨 마시는 글로벌 커피 브랜드인 스타벅스Starbucks의 경우에도 국내 법인인 스타벅스커피코리아Starbucks Coffee Korea는 스타벅스 본사에서 비즈니스를 위해 한국에 진출한 것이 아니라 국내 유통사인 신세계와의 공동투자로 설립된 회사입니다. 신세계가 스타벅스 본사와 라이선스 계약을 체결하여 국내 커피의 사업권을 갖는 파트너로 수익에 대한 로열티를 미국 본사에 지불하는 형식을 취하고 있습니다.

스타벅스코리아 임직원들은 신세계 그룹의 인사제도(채용, 직급, 급여, 보상체계)

를 따르고 있어서 스타벅스 본사 소속이라기보다는 국내 신세계 소속이라고 생각하시면 될 것 같습니다. 우리가 잘 알고 있는 SPC그룹 계열사인 비알코리아BR Korea가 배스킨라빈스나 던킨도너츠의 국내 사업권을 갖고 있는 것과 같습니다. 이런 회사들은 해외 지사로 나가기 어려운 것이 사실입니다. 왜냐하면 국내 사업의 파트너들이 국내 또는 특정 지역의 사업권을 가지고 있기 때문입니다. 이런 회사들은 본사에서 직접 한국에 투자해 설립한 법인이나 지사 등과는 다른 형태의 회사라고 보시면 될 것 같습니다.

홈플러스Homeplus는 당시 세계 2위 유통기업인 영국 테스코Tesco그룹과 삼성물산의 합작회사인 삼성테스코Samsung Tesco로 설립이 되었는데, 1999년에 테스코가 삼성물산이 가지고 있던 홈플러스의 지분을 사들이면서 대주주가 된 회사입니다. 사명을 삼성테스코에서 홈플러스로 변경했는데 이후 한국과는 무관하게 영국 테스코 본사의 재무적 이슈로 사모펀드에 매각되어 현재 ING생명과 같이 MBK 파트너스라는 사모펀드가 대주주로 있는 회사입니다.

참고로 구직자들이 외국계 기업에 입사하고 싶어 하는 이유를 살펴보면 복지제도가 41.9%, 해외 근무 기회가 19%, 서구식 기업문화가 17.5%, 연봉(능력에 따른 보상)이 15.1%, 그리고 기업 인지도(브랜드가치)가 6.2% 순으로 나타났습니다.

순위	구직자들이 외국계 기업에 입사를 원하는 이유	비중
1	복지제도	41.9%
2	해외 근무 기회	19%
3	서구식 기업문화	17.5%
4	연봉(능력에 따른 보상)	15.1%
5	기업 인지도(브랜드가치)	6.2%

출처: 취업포털 <잡코리아>, <잡앤조이> 조사 결과

무작정 외국계 기업에 입사했다가는 큰 코 다친다

많은 구직자들이 외국계 기업에 들어가고자 하는 첫 번째 이유로 '차별화된 복지제도'를 손꼽지만 본사와 달리 시장의 크기(규모)나 성장, 물가 등을 고려해 한국에서 근무하는 직원들은 상대적으로 급여가 낮거나 복리후생이 적용되지 않는 경우도 많습니다. 이는 국내 대기업들이 해외 진출을 할 경우 한국 본사와는 다른 복지제도를 구성하는 것과 비슷하다고 생각하시면 됩니다. 경영진(핵심인재)의 연봉이나 한국 시장이 부각되는 경우를 제외하고 국내 대기업에 비해 복리후생은 상대적으로 열악한 것이 현실입니다. 이러한 현실을 잘 모르고 높은 임금과 화려한 복지만을 생각했던 사람들은 외국계 기업의 문을 두드렸다가 실망하는 경우를 많이 보았습니다.

외국계 기업에 입사하고자 하는 두 번째 이유인 '해외 근무 기회'도

실제로 쉽지 않은 것이 현실입니다. 한국 내에서 구직자를 채용하는 이유는 대부분 한국 시장에 대한 이해와 한국 내에서의 비즈니스 성공을 목적으로 하기 때문입니다. 애초부터 해외에서 근무할 목적으로 외국계 기업에 입사한다면 크게 실망할 수 있으므로 해외 근무가 가능한지 잘 알아보고 입사를 결정하는 것이 좋습니다.

상황에 따라 본사에서 인정을 받아 해외 근무를 할 수도 있으나 그 수는 매우 제한적입니다. 오히려 해외 근무를 하고 싶다면 국내 기업의 해외 주재원으로 나가는 것이 더 가능성이 높을지도 모릅니다. 물론 국내에서 경영 능력을 인정받아 아시아 다른 국가까지 영역을 넓히는 경우는 있지만 해외 근무는 어려운 것이 현실입니다.

"저 이번에 메르세데스 벤츠코리아Mercedes-Benz Korea에 입사했는데 독일 본사에서 근무할 수 있겠죠? 해외 근무가 꿈이거든요. 독일 본사에서 꼭 일하고 싶어요."

이와 같은 경우 아시아 다른 지역에서는 근무가 가능하지만 벤츠 본사에서 근무하기는 어렵습니다. 왜냐하면 벤츠코리아는 한성자동차와 독일 벤츠그룹의 합작회사로 한국, 중국 등 아시아 지역에 대해서만 한성자동차가 사업권을 갖고 있기 때문입니다.

따뜻한 정이 없는 서구식 기업문화

국내 기업들도 요즘 수평적인 조직문화를 구축하기 위해 직급 및 호칭의 파괴 등 상당히 많은 노력을 기울이고 있지만 외국계 기업이 국내 기업에 비해 합리적이고 수평적인 문화를 갖고 있는 것은 사실입니다. 특히 다양성diversity 측면에서는 국내 기업들이 아직까지 미흡한 수준입니다. 가장 대표적인 예로 외국계 기업의 경우 여성에 대한 차별을 없애려는 노력들이 많이 있고, 여성 인력의 비중이 국내 기업들에 비해 매우 높습니다.

역사가 오래된 외국계 기업들은 다양성을 매우 중시하며 이를 인사 정책에도 반영해 까다롭게 운영합니다. 조직문화가 다양성을 기반으로 하고 있어 시각이나 사고를 유연하게 할 수 있는 것이 특징입니다. 하지만 회사 내 핵심가치, 윤리, 규정 등은 매우 중요하게 여길

뿐만 아니라 철저하게 준수하고 있습니다.

"외국계 기업은 몇 만 원, 몇 천 원을 쓰든지 정확하게 보고를 해야 합니다. 만약 그렇지 않은 경우 윤리경영이나 감사 등에 의해 불이익을 당할 수 있습니다. 무엇이든지 신의 성실해야 합니다."

외국계 기업은 국내 기업에 비해 나이나 성별에 대한 차별도 적은 편입니다. 국내 기업은 앞서 언급한 것처럼 수직적인 문화로 인해 튀는 것을 좋아하지 않습니다. 또 관계 중심이라서 술자리 등 업무 외적으로도 많은 시간을 함께 보내며 관계를 형성해가는 반면, 외국계 기업은 개인주의적인 문화가 강해 개인의 사생활을 존중하는 편입니다.

국내 기업의 경우 회식이 업무의 연장이라 술자리에 빠지기 어렵지만, 외국계 기업은 개개인의 시간과 삶을 매우 중시하는 문화를 갖고 있어 개인의 삶을 고려해 회식을 짧게 끝내거나 점심 때 간단히 회식을 하거나 술을 먹지 않고 영화나 공연을 보는 문화 회식도 많이 하는 편입니다. 그러다 보니 술 마시기를 좋아하거나 술자리를 선호하는 분들은 상대적으로 외국계 기업의 조직문화가 차갑거나 딱딱하게 느껴질 수 있습니다.

"국내 기업에서 근무하다가 외국계 기업에 왔는데 아무래도 이전 회사처럼 끈끈한 정이라는 것을 잘 못 느끼겠어요. 조금 차가운 것 같기도 하고. 이전 회사에서는 동료들과의 관계도 친밀하고 회식도 많이 하고 정도 많이 들었던 것 같은데 너무 개인주의적인 것 같아요."

외국계 기업은 철저한 성과주의 문화라서 나이나 경력보다는 성과나 실적에 의해 인정을 받고 승진에 반영하기도 합니다. 경력, 나이, 직급을 떠나 능력을 충분히 어필하여 인정받기를 원하는 분들에게는 외국계 기업의 이런 성과 지향적 문화가 맞을 수 있습니다. 그러나 나이나 경력을 중시하는 한국 사람들에게는 맞지 않는 부분도 있을 것입니다. 가령 외국계 기업에서는 내 밑의 직원을 상사로 승진시키거나 나이가 훨씬 젊은 사람이 상사가 되기도 합니다. 또 성과 지향적인 문화를 가지고 있어서 국내 기업에 비해 해고나 구조조정이 자주 일어나고 있습니다. 이렇듯 외국계 기업이 국내 기업보다는 더 유연한 고용 형태를 갖고 있습니다.

"외국계 기업은 철저한 성과주의, 개인주의를 추구하여 근무시간에 해야 할 일을 끝내고 자신의 시간, 가정에 충실하기를 원하는 경우가 많습니다. 회사에는 일하러 모인 것이니 업무시간 내에 주어진 일을 잘 끝냈으면 퇴근시간 후 집으로 가야죠. 업무시간 외에도 만날 필요가 있을까요? 요즘 서구에서는 업무시간 내에 동료들과 대화나 잡담을 줄이고, 식사도 같이 하지 않고, 일에 집중해서 제시간에 끝내고 퇴근해서 가족과 시간을 보내는 것이 트렌드입니다. 저는 이런 문화가 좋습니다."

옆 사람이 무엇을 하든 상관하지 않고 개인의 일과 삶의 균형work & life balance을 중요시 생각하는 긍정적인 개인주의가 외국계 기업의 특징입니다. 관계보다는 성과 지향적이기 때문에 따뜻한 정, 문화를 기대했던 사람들로서는 차갑게 느껴질 수도 있고, 성과에 대한 강한 압박을 느낄 수도 있습니다. 하지만 자신이 성과를 잘 낼 수 있다고 확신하고 능력을 인정받는 것을 좋아한다면 외국계 기업이 더 잘 맞을 것입니다.

외국계 기업도 미국 기업 다르고, 유럽 기업 다르다

모든 기업의 문화를 단순화시켜 한번에 설명하기는 어렵지만 대체로 미국 기업은 사람이 필요할 때에는 확 뽑았다가 필요 없을 때에는 대규모 구조조정을 실시하는 편입니다. 반면 유럽 기업은 사람을 잘 뽑지 않고 고용을 유지하는 편입니다.

미국 기업에 비해 유럽 기업은 상대적으로 권위적이고 경직된 면이 있습니다. 다만 유럽 기업은 한번 사람을 뽑으면 오랫동안 근무를 보장하고 특히 제조, B2B, 화학, 에너지 회사들은 정년까지 보장해주는 경우도 많습니다. 그러다 보니 직원들의 평균 연령이 높아서 유럽 기업이 상대적으로 보수적이라고 말하기도 합니다. 또한 독일 기업은 독일 사람들이 임원이고, 프랑스 기업도 프랑스 사람들에게 한국 지사의 경영을 맡기는 경우가 많습니다. 삼성의 경영진이 대부분 한국인인 것처럼 우리가 유럽 기업에서 승진을 통해 올라갈 수 있는 자리에 한계가 있는 경우도 있습니다.

“프랑스 기업이라 수평적이고 권위적이지 않을 줄 알았는데 프랑스 본사 임원 회의에 갔을 때 회장에게 말 한마디 잘못했다고 그 자리에서 짐을 싸 나가는 임원도 봤습니다. 굉장히 권위적이라 충격을 좀 받았습니다.”

물론 시장의 크기나 중요도에 따라 한국에 권한을 많이 주기도 합니다. 현지 시장이 경쟁력을 갖춘 경우 현지의 전략이나 정책에 힘을 많이 실어주는 편입니다. 독일 기업들은 일반적으로 독일인에게 지사의 경영을 맡기는 편이지만, 독일계 차량제조사인 BMW코리아의 경우 오래전부터 김효준 사장에게 최고경영자로서의 책임과 권한을 맡겨 성공적으로 경영을 이어가고 있습니다. 이런 경우 한국의 목소리가 본사에도 전달되고, 한국 내 경영권과 권한을 보장해주기도 합니다.

“한국은 BMW그룹의 매우 중요한 시장으로 성장했습니다. 플래그십 7시리즈는 세계 시장 중 한국이 네 번째이고, 5시리즈도 다섯 번째일 정도로 비중이 커졌습니다. 이처럼 성공을 지속했기 때문에 고객 보답 차원에서 독일 본사가 전략적인 결정을 내렸습니다. 한국 지사의 김효준 사장이 열정적으로 비전을 제시한 점도 큰 영향을 미쳤습니다.”(로버슨 BMW 세일즈·마케팅 총괄사장)

대기업에 비해 상대적으로 낮은 연봉

"국내 기업들에 비해 외국계 기업의 연봉이 훨씬 더 높을 거라고 생각하고, 연봉 때문에 외국계 기업에 지원했는데 실제 급여를 받아보니 많지 않아서 괜히 이직을 했나 후회되었습니다."

외국계 기업의 연봉은 국내 대기업에 비해 높을까요? 산업마다 다르지만 외국계 기업의 신입 급여는 국내 대기업에 비해 상대적으로 낮은 편입니다. 그래서 국내 대기업 연봉보다 높을 것을 기대했다가는 낮은 급여를 받고 실망할 수도 있습니다. 국내 대기업들의 연봉이 상당히 많이 올라갔고, 본국이 아닌 해외 지사는 그 나라의 물가 수준에 맞추거나 시장의 크기에 따라 급여를 책정하기 때문에 외국계 기업의 급여는 국내 대기업에 비해 높지 않습니다. 특히 고객 접점의 호텔, 패션(의류), 유통, 소비재, 명품 회사들의 급여는 더 적은 편입니다.

복리후생 역시 국내 대기업에 비해 좋지 않은 경우도 많습니다. 매니저(관리자)급으로 올라가기 전까지는 국내 대기업 연봉과 비교하기 어려울 정도로 낮은 경우도 많습니다. 한 예로 어느 유명 글로벌 명품회사는 신입 초봉이 2,000만 원대 초/중반 수준으로 높은 연봉을 기대했던 신입사원들은 크게 실망할 수도 있습니다. 인턴의 급여도 낮은 편인데 세계적인 전기제조사나 명품 자동차회사의 인턴 급여가 2016년 기준으로 약 140만 원이며, 4대 보험료를 별도로 지급하고 있을 정도로 낮습니다.

국내 대기업의 연봉과 비교하며 많은 구직자들이 외국계 기업에 지원하기를 주저하기도 합니다. 그러나 주니어 급의 연봉만 상대적으로 낮을 뿐 매니저 등 중간 관리자 이상이나 리더가 되면 국내 대기업 이상의 연봉을 주는 곳도 많습니다. 그래서 경력이 충분히 쌓일 때까지는 급여에 불만을 느낄 수도 있습니다.

급여라는 것은 늘 불만족스럽고 늘 많이 받고 싶은 것이 사람의 심리지만, 불만이 너무 크다면 근무 의욕이 떨어질 수 있기 때문에 급여 부분을 충분히 고민하고 확인해야 합니다. 물론 외국계 기업의 급여 역시 한번 정해지면 계속 그 금액을 받는 것이 아니라 보통 매년 상승하며 성과나 물가 상승 등을 고려해 인상됩니다.

듣도 보도 못한 외국계 기업을 노려라

외국계 기업은 국내 대기업이나 중견기업에 비해 낮은 인지도로 인재를 채용하는 데 종종 어려움을 겪고 있습니다. 각 산업 분야에서 세계적인 명성을 가진 글로벌 기업들도 국내에서는 인지도가 높지 않아 지원자들이 적극적으로 지원하지 않거나 합격을 하더라도 입사를 고민하는 것이 사실입니다. 하지만 알고 보면 외국계 기업 중에 국내 최고 기업인 삼성전자보다 더 큰 기업들도 많고, 역사가 오래된 기업들도 많습니다.

1847년에 설립된 지멘스Siemens는 170년의 역사를 가지고 있을 정도로 전통이 있는 독일 제조회사로 2015년 기준으로 약 90조 원 이상의 매출액을 기록하고 있습니다. 1865년에 설립된 세계 최고의 화학회사인 독일의 바스프BASF는 151년의 역사를 가지고 있으며, 2016년 기준으로 740억 달러(82조 200억 원)의 매출액을 달성했습니다. 세계적인 금융회사인 에이치에스비시HSBC는 1865년에 설립된 회사로 세계적으로 매출액이 약 60조 달러(58조 1,869억 원) 정도 되는 글로벌 기업입니다. 하니웰Honeywell은 가연성가스, 유독성가스, 산소검지시스템 관련 휴대 및 설치형 제품을 개발, 생산하는 회사로 120년이 넘었고, 〈포춘Fortune〉이 선정한 100대 기업에 들어가는 큰 규모의 회사입니다. 루이비통으로 유명한 엘브이엠에이치LVMH; Louis Vuitton Moet Hennessey라는 기업도 전 세계적으로 약 43조 원 이상의 매출액을 올리고 있으며, 너무도 유명한 스포츠 의류회사 나이키Nike도 1986년도에 설립되어 연 35조 원 이상의 매출액을 달성하고 있는 글로벌 회사입니다.

"A사는 처음 들어보는 회사인데 뭐 하는 회사인가요? 들어본 적이 없는데……. 저는 입사 지원하지 않겠습니다."

"이번에 외국계 기업에 어렵게 입사했는데 부모님께서 모르시는 회사라서 퇴사하게 되었습니다."

외국계 기업이 한국에 진출한 지 얼마 되지 않았거나 조직의 규모가 작을수록 입사하는 데 있어 더 좋은 기회라고 생각합니다. 왜냐하면 한국에 진출한 지 얼마 되지 않은 경우에는 조직을 구성하고 사업을 확장하기 위해 많은 인원을 급하게 뽑아야 하는데, 지원자도 적고 회사의 채용 기준이 높지 않아 간소화해 진행하는 경우도 많기 때문입니다. 아직 조직의 체계가 잡히기 전이라 채용 기준이나 눈높이가 높지 않기 때문에 상대적으로 쉽게 입사를 할 수 있습니다.

50명 이하의 적은 인원이 근무하는 시기에 입사하면 경영진과 가까이에서 근무를 하기 때문에 자신의 능력을 충분히 어필하는 기회가 될 수도 있습니다. 초반에는 그래도 시간이 지나고 조직의 체계가 잡혀가기 시작하면 점차 채용 프로세스와 기준이 까다로워집니다. 그래서 한국에 진출한 지 얼마 되지 않아 인원도 적고, 체계도 잡히지 않았더라도 기회가 된다면 초기에 입사하는 것도 좋은 방법이라고 생각합니다.

국내에 진출한 세계 최대 가구회사인 이케아IKEA 같은 경우에도 2014년 약 500명을 채용한다는 발표를 하기도 했습니다. 그럼에도 불구하고 우리나라 사람들은 그 회사에 대해 잘 들어본 적이 없다 보니 입사를 망설이는 경우가 많았습니다. 특히 지방으로 갈수록 외국계 기업에 대한 지원율이 더욱 낮습니다. 부모님들이 들어본 적 없는 회사라며 입사 확정이 된 후 입사를 포기하라고 설득하는 경우도 보았습니다. 상황이 이렇다 보니 국내 외국계 기업에서는 실제 인재를 채용하는 데 상당히 많은 어려움을 겪고 있습니다. 당연히 구직자들에게는 큰 기회임에도 회사와 지원자 모두가 큰 손해를 보고 있다고 생각합니다.

우리가 들어보지 못한 세계적인 기업들이 한국에 많이 진출해 있습니다. 외국계 기업 정보에 대해서는 국내에서 채용을 진행한 경험이 있는 100곳을 선별하여 4부에 정리해놓았으니 참고하시길 바랍니다.

야근을 강요하지는 않지만 필수인 때도 있다

많은 분들이 외국계 기업들은 절대 야근이 없고 모두 정시에 퇴근할 거라고 생각하는데 사실 그렇지 않습니다. 야근을 강요하는 문화는 아니고, 오히려 야근을 자주 하면 무능하다고 생각하는 경우가 있기는 합니다. 하지만 자신이 맡은 부분에 있어서는 명확하게 책임을 져야 하기 때문에 일이 끝나지 않으면 당연히 야근을 하게 되고, 적은 인원으로 다양한 범위의 업무를 하다 보니 개별적으로 업무 강도가 센 편입니다. 적은 인원이 많은 일을 하다 보니 대신 해줄 수 있는 인력이 충분하지 않아서 퇴근을 일찍 하더라도 노트북을 가지고 가기도 합니다. 국내 글로벌 회사의 한 CEO는 회사의 높은 업무 강도로 인해 실제 이혼하는 비율이 매우 높다고까지 말한 적이 있습니다.

미국이나 유럽에 본사가 있는 경우 업무 시간대가 다르기 때문에 그 나라 시간대에 맞춰 회의나 업무를 해야 하는 때도 많습니다. 예를 들면 미국 본사가 워싱턴에 있다면 그곳이 오전 9시일 때 국내 시간은 밤 11시가 됩니다. 그러면 저녁 11시 30분에서 아침 7시 사이에 회의가 이루어져야 합니다. 이러한 글로벌 업무 환경의 특성상 늦은 시간까지 근무를 할 수밖에 없는 경우도 있습니다. 또 상황에 따라 한국어와 외국어 보고서 둘 다 작성해야 하는 등 많은 시간이 소요되기도 합니다.

적은 직원 수에 놀라지 마라

외국계 기업들의 경우 전 세계적으로 근무하는 직원의 수는 많지만, 한국에서 일하는 직원들은 국내 기업들에 비해 인원이 적은 편입니다. 물론 외국계 기업 중에서도 제너럴모터스GM 등 규모가 큰 기업들도 있지만, 글로벌 직원 수와 큰 규모를 생각했다가 입사 후 적은 인원에 놀라는 분들도 많습니다. 이는 단점과 장점 모두 될 수 있다고 생각합니다.

우선 단점부터 말씀을 드리자면, 국내에 진출한 외국계 기업들의 상당수는 연구/개발과 생산/제조 등의 핵심 기능을 본사나 해외 다른 국가에 두는 경우가 많습니다. 물론 회사에 따라 다르지만 국내가 본사에서는 중요하지 않은 시장일 수 있기 때문에 국내에서의 기능들은 영업, 마케팅, 경영지원에 국한된 경우가 많습니다. 그러다 보니 적은 인원으로 근무를 하게 되고, 국내의 여느 기업처럼 업무가 세분화되지 않아 개개인이 다양한 업무를 맡게 될 수도 있습니다. 다양한 업무 경험을 해볼 수 있다는 것은 장점도 될 수 있지만, 업무 전문성이나 깊이가 상대적으로 떨어질 수도 있습니다. 예를 들면 인사 분야에서 채용만 하는 것이 아니라 급여, 보상, 채용, 교육, 총무까지 다 맡아서 해야 할 수도 있습니다.

한편 앞서 언급한 대로 적은 인원이 근무하기 때문에 지사장 등 인사 결정권을 가지고 있는 사람들의 눈에 잘 띌 수 있다는 장점이 있습니다. 눈에 잘 띄는 만큼 성과를 잘 낼 경우 리더의 역할이나 더 많은 권한과 책임을 갖는 자리로 빠르게 승진할 수 있다는 것은 분명히 큰 장점입니다.

본사의 통제와 느린 의사결정을 이해하라

지배구조상 국내 기업들에 비해 외국계 기업은 해외 본사의 통제를 얼마나 받고 있느냐에 따라 의사결정을 하는 데 오랜 시간이 걸리는 경우들도 발생합니다. 의사결정이 상대적으로 느리다 보니 역동적인 한국 시장에서 재미를 보지 못하는 경우도 많습니다.

세계적인 유통회사 미국의 월마트Walmart나 프랑스의 까르푸Carrefour도 국내 대형 할인점에 비해 많은 자원과 체계적인 시스템을 갖추었지만, 국내 시장에 대한 이해 부족과 치열한 가격 경쟁 등으로 인해 국내 시장에서 사업을 정리하고 철수한 바 있습니다. 이런 회사들은 한국이라는 급변하고 치열한 시장에서 현지화 전략에 실패한 것입니다.

본사의 통제가 강한 경우 국내에는 적용되지 않는 그 나라의 법이나 문화까지 고려해야 하기도 하고, 외국의 담당자가 국내에 비해 휴가를 자주 가기 때문에 그 기간 동안 업무 진행이 지연될 수도 있습니다. 무엇보다 해외 본사의 상황에 따라 국내 지사의 운명이 갈리는 일도 많이 발생합니다. 특히 글로벌하게 인수, 합병이 일어나는데 그럴 경우 국내에 진출한 지사나 법인들도 영향을 받게 됩니다. 한국 지사도 그러한 과정에서 불필요한 인력들이 나가거나 주인이 된 기업의 인력들로 중요한 자리가 대체되는 경우가 발생합니다. 한국의 상황과 무관하게 일자리를 잃어버리는 상황도 발생할 수 있습니다. 한국에서 아무리 비즈니스가 성공적으로 이루어지고 있더라도 글로벌 본사의 상황이 어려워지면 한국 지사도 어떻게 될지 모르는 운명에 처하게 됩니다. 본사의 상황에 따라 지사를 사모펀드나 타 기업으로 매각하기도 합니다.

한국 지사가 본사를 인수하는 경우도 있는데 휠라코리아FILA Korea, 스무디킹Smoothie King Korea, 커피빈코리아Coffeebean korea, 공차Gongcha Korea 등이 대표적인 회사들입니다. 이들은 한국 지사나 사모펀드가 해외 본사를 인수한 기업들입니다. 그럼에도 불구하고 외국계 기업은 많은 장점들을 가지고 있습니다. 대표적인 예로 브랜드파워, 합리적인 조직문화, 성과주의(학벌보다 실력), 글로벌 업무환경, 그리고 다양성을 꼽을 수 있습니다.

외국계 기업의 경험과 브랜드파워, 어디서나 인정받는다

2011년 9월, 눈에 들어오는 기사 하나가 있었습니다. 바로 삼성전자 여성 임원 14명 중 3명이 P&G 출신이라는 내용이었습니다. 이는 국내 대기업들도 글로벌 기업의 브랜드파워와 업무 경험을 인정한다는 것을 보여주는 대표적인 사례입니다.

삼성전자에서 신입공채 출신의 여성이 임원에 오르는 경우는 거의 없습니다. 공채로 들어간 여성이 임원에 오른다는 것은 하늘의 별 따기와 같습니다. 하지만 삼성전자는 외국계 기업에서 근무 경험을 갖고 있는 분들의 경험을 높이 사서 경영진이나 임원으로 영입했습니다. 이는 삼성전자뿐만 아니라 현대차그룹 등 국내 대기업들에 빠르게 확산되고 있습니다.

만약 이분들이 국내 기업에서만 경력을 쌓았다면 임원이 될 수 있었을까요? 분명 쉽지 않았을 것입니다. 이를 통해 외국계 기업에서의 경험과 브랜드파워를 국내 대기업에서도 인정하고 선호하고 있다는 것을 알 수 있습니다. 이런 브랜드파워 또한 외국계 기업에서 경력을 쌓아야 하는 또 하나의 이유이기도 합니다. 일반 사람들은 잘 모르더라도 글로벌로 진출하는 국내 기업들은 외국계 기업에 대해 너무나도 잘 알고, 그 브랜드에서 인재를 영입하려는 노력을 지속적으로 하고 있습니다.

성별, 나이, 학벌, 뭣이 중헌디?

외국계 기업에서는 철저히 성과에 따라 많은 기회가 주어지기 때문에 성과 지향적인 분들은 외국계 기업에 입사하는 것을 선호할 것입니다. 저 또한 외국계 기업에 입사한 가장 큰 이유가 바로 팀장, 리더가 될 수 있다는 것 때문이었습니다. 만약 국내 기업으로 갔다면 과장급으로 입사해 팀장 직함을 다는 데에도 오랜 시간이 걸렸을 것입니다.

저는 리더가 되겠다는 목표를 세우고 외국계 기업에 입사해서 성과를 내며 30대 중반의 나이에 인재개발팀의 팀장을 맡기도 했습니다. 팀장들 중 나이가 젊은 편이었지만 저보다 더 젊은 분들도 있었습니다. 미국 본사의 경우 20대 후반의 임원도 있었고, 정말 노력만 한다면 성과에 따라 차별화된 기회를 주는 외국계 기업이 저한테는 잘 맞았습니다.

사실 성과주의는 사람에 따라 득이 될 수도, 독이 될 수도 있습니다. 나이나 경력이 많다고 리더가 되는 것이 아니라 오로지 성과에 따라 리더의 자리를 주기 때문입니다. 그래서 팀장보다 나이가 많은 팀원도 흔히 볼 수 있습니다. 국내 기업들도 요즘 실력이나 실적 중심으로 변화하고 있는데, 외국계 기업에서는 흔히 볼 수 있는 모습입니다. 외국계 기업에서 나이라는 것은 단지 숫자일 뿐입니다. 어떤 외국계 기업의 경우 성과 평가 후에 자신이 데리고 있던 부하직원을 리더의 상사로 앉힌 적도 있습니다. 이런 경우 우리나라 사람들은 자존심이 상해 퇴사해버리지만 외국 사람들은 크게 신경 쓰지 않는 것 같습니다.

외국계 기업은 성과에 따라 직원들마다 차별화된 복리후생과 급여를 제공합니다. 연봉 차이가 크기도 하고, 핵심인재에 집중하여 지원해주고 관리하는 회사들도 많고, 육성의 기회를 핵심인재에게만 제공하는 회사들도 있습니다. 예를 들어 GE에서는 세 번 연속 상위 고과를 받을 경우 핵심인재로 별도의 관리 대상이 되어 도전적인 커리어 과정을 밟을 수 있는 기회를 줍니다. 물론 이 기회를 잡는 순간 고생이 시작되겠지만, 회사의 적극적인 관리와 지원을 받으며 다음 경영진이나 리더로 육성될 수 있습니다. 때로는 위기에 처한 사업이나 지역에 핵심인재를 보내 업무를 통해 리더십과 역량을 강화시키고, 어려운 상황 속에서도 위기를 극복할 수 있도록 철저하게 훈련시켜서 어려움을 극복하면 더 큰 도전과제를 제시하기도 합니다.

외국계 기업에서는 누구나 자신의 목소리를 낼 수 있고, 군대식 문화가 남아 있는 국내 기업들과 달리 차별이 적습니다. 또한 주어진 일을 수동적으로 받아서 하기보다는 스스로 찾아서 하는 인재를 원하고, 실제 주도적으로 일하는 사람들이 많습니다. 외국계 기업은 나이, 성별, 직급, 학력을 떠나 능력에 따라 책임과 권한을 부여하기 때문에 권한 위임이 잘 이루어지고, 성과에 따라 국내 기업에서 보기 어려운 파격적인 승진 등 다양한 기회를 얻을 수 있습니다. 그래서 외국계 기업에서만 경력을 쌓은 사람들은 이직을 할 때에도 외국계 기업에서 벗어나지 않는 경향이 있습니다. 국내 기업의 권위적인 문화에 적응하기 어려울 뿐만 아니라 나이와 연공서열에 얽매이지 않는 외국계 기업과 같은 파격적인 직급, 업무, 권한을 기대하기 어렵기 때문입니다.

차별 없는 문화가 여성 인재를 만든다

국내 은행의 임원 191명 중 여성 임원은 단 한 명인 반면, 외국계 은행인 씨티은행Citibank의 여성 임원 비율은 약 20%, 스탠다드차타드은행Standard Chartered Bank의 여성 임원 비율도 약 10%대입니다. 외국계 기업은 국내 기업에 비해 차별을 줄이기 위해 많은 노력을 기울인다는 것을 이 수치만 봐도 알 수가 있습니다.

나이에 대해서도 개방적이라 늦은 나이에 입사하는 것도 불가능한 일은 아닙니다. 그리고 늦은 나이에 입사를 했다고 승진이나 보상에 있어 차별을 하는 것도 아닙니다. 몇 가지 예로 콘래드서울호텔Conrad Seoul Hotel의 인사팀 박경숙 상무의 경우 35세라는 늦은 나이에 처음 외국계 호텔인 그랜드하얏트Grand Hyatt 직원으로 시작해 14년 만에 임원 직함을 달았고, 현재는 콘래드라는 세계적인 럭셔리 호텔에서 인사 담당 임원으로 재직 중에 있습니다.

로레알코리아Loreal Korea 인사부 이혜숙 전무도 36세에 구직활동을 시작해 2년 후 신입사원으로는 아주 늦은 나이인 38세에 인터컨티넨탈호텔Intercontinental Hotel 사내 영어 강사로 사회생활을 시작했습니다. 그녀는 이후 리츠칼튼호텔Ritz-Carlton Hotel에서 직원 교육을 총괄하는 트레이닝 매니저Training Manager로 이직하게 되고, 43세라는 늦은 나이에 드디어 정규직 과장이 됩니다. 늦은 나이에 취업했지만 리츠칼튼호텔에서 근무한 지 4년 만에 코카콜라Coca-cola 인재개발부 부장 제의를 받아 이직을 하고, 56세에는 로레알코리아 전무로 승진했습니다. 국내 기업이었다면 나이 제한과 여성이라는 이유로 불가능한 일이었을 것입니다. 외국계 기업은 이렇듯 나이나 경력에 상관없이 성과에 따라 기회를 주는 문화입니다.

또 외국계 기업은 여성들이 근무하기 좋은 환경을 갖추고 있습니다. 출산 전후의 휴직과 육아를 배려하는 유연근무제가 잘 정착되어 있고, 여성 인력의 네트워크를 지원하는 회사도 있습니다. 대표적인 예로 글로벌 제조사 지멘스는 2011년에 아시아, 호주 지사에서 여성 대표들을 선발해 여성 임원, 인재들의 네트워크인 글로우GLOW; Global Leadership Organization of Women를 만들어 이를 통해 여성 관리자 육성과 리더십 개발을 위한 환경 조성을 목표로 23개국 법인의 여성 직원을 약 150여 명 두고 있습니다. 반드시 여성을 일정 비율 이상 채용하거나 승진하도록 만든 기준이 정해져 있는 기업들도 많고, 여성 임원의 비율을 정해놓은 기업들도 있습니다. 이런 제도와 지원을 통해 양성평등을 지향하고 차별을 줄이는 노력들이 이루어지고 있습니다.

영어는 자신감, 틀려도 뱉고 보자

제가 근무했던 기업의 미국 본사에서 신제품 출시를 위해 한국에 시장조사를 나온 적이 있었습니다. 그런데 당시 미국인이었던 마케팅 담당자는 한국 사람들이 왜 10년 넘게 영어를 배우면서도 잘 못하는지 궁금해하며 이것을 인터뷰 때 질문하기도 했습니다. 그 이유를 곰곰이 생각해보니 크게 세 가지로 정리할 수 있었습니다.

첫째, 영어 공부를 할 때 어학 실력의 향상보다는 시험을 잘 보기 위한 암기식 위주로 하다 보니 그 단어가 실제로 어떻게 소리 나는지보다는 텍스트 자체를 외우는 공부를 많이 했기 때문입니다.

둘째, 틀리지 말아야 한다는 강박관념과 지나치게 주변의 시선을 의식한 나머지 완벽하게 준비되지 않은 상태에서는 영어로 말하기를 주저하기 때문입니다. 그러다 보니 조금이라도 실수를 하거나 틀

리면 그다음부터는 머릿속이 하얘져 더더욱 입을 다물게 되어버리는 것입니다.

마지막으로 한국에서는 굳이 영어를 사용하지 않아도 먹고사는 데 전혀 지장이 없기 때문입니다. 영어 단어가 어떻게 발음이 되는지 들어본 적도 없고, 입 밖으로 소리 내본 적도 없으므로 영어를 못하는 것은 너무나 당연한 일인지도 모릅니다.

제가 미국 서부로 여행을 갔을 때 수많은 아시아에서 온 개발자들이 커피숍에서 영어로 대화를 나누는 것을 들어봤는데 각자 독특한 발음으로 영어를 하는 것을 보면서 발음도 중요하지만 자신감이 더 중요하다는 것을 알게 되었습니다. 자신이 전달하고자 하는 메시지를 발음이나 문법에 상관없이 자신 있게 전달하는 것이야말로 영어를 잘할 수 있는 비결이었습니다.

종종 경력직 면접을 볼 때 외국계 기업에 몇 년씩 다녔으면서 자기소개도 영어로 하지 못하는 모습을 보면 외국계 기업에 다니면서 왜 영어 공부를 하지 않았을까 하는 안타까운 마음이 들기도 합니다. 업무 특성상 영어를 쓰지 않는 분들도 있지만 실제로 영어를 사용하지 않더라도 외국계 기업에 다니면서 영어에 대한 학습을 게을리해서는 안 된다고 생각합니다.

영어 실력이 부족한 경우 면접에 통과할 수는 있어도 외국계 기업에 입사를 한 다음에는 영어를 잘하기 위해 피나는 노력을 해야 합니다. 영어로 자신의 의사를 표현하는 연습을 하면서 계속 사용하려는 노력을 해야 합니다. 우선 발음보다는 자신감을 갖는 것이 중요한데, 그러려면 반복적으로 연습해보고 내뱉어보는 것이 중요합니다. 영어는 어학이라 자주 사용하다 보면 자신감이 생기고 실력도 늘게 되어 있습니다.

처음 외국계 기업에 입사한 직원들은 외국인들과 진행하는 미팅에 참석하게 되면 회의 내용을 이해하지 못하는 경우가 많습니다. 특히 영어로 의견을 내는 것이나 논리적으로 반박하는 것은 정말 쉽지 않습니다. 그래서 항상 영어를 어떻게 하면 잘할 수 있을지 고민해야 합니다.

"외국계 기업에 처음 입사한 후 본사와의 미팅 때 한마디도 못 알아듣겠더군요. 저는 회의 내용을 녹음해 하나씩 들어가면서 서서히 영어 회의에 익숙해지기 시작했습니다. 우리가 수업시간에 듣던 영어 발음이 아니라 다양한 국가에서 다양한 발음으로 이야기를 하기 때문에 어느새 익숙해지면서 영어가 자동적으로 늘더군요."

이런 식으로 회의 내용을 녹취해 여러 번 들어보고 흉내를 내보면서 연습해 내 것으로 만드는 방법도 유용합니다.

외국계 기업에서 리더로 성공하려면 영어는 반드시 극복해야 할 과제입니다. 외국인 경영진이나 직원들에게 물어보면 영어를 잘하는 것이 곧 실력이 뛰어난 것이라는 이야기를 많이 합니다. 업무에서 가장 중요한 것은 소통이고, 소통이 잘되어야만 원하는 목표를 달성할 수 있기 때문입니다.

업무의 특성상 영어를 쓰지 않아도 되는 분야도 분명히 있지만 외국계 기업에 다니다 보면 영어를 사용할 수 있는 환경에 노출되는 만큼 외국계 기업에서 영어는 성공에 많은 영향을 주는 요소임에 틀림이 없습니다. 입사할 때 실력이 부족하더라도 입사 후에는 영어 공부를 죽기살기로 해야 합니다. 팀장이나 리더가 되려면 영어는 필수로 갖추어야 할 기본 역량이라는 사실을 명심해야 합니다.

글로벌 인재로 성장할 기회를 잡아라

외국계 기업에서 일하는 것이 좋은 또 다른 이유는 글로벌 시대에 본사와 해외 지사들의 다양한 국적의 사람들과 함께 근무할 수 있기 때문입니다. 국내에서 벗어나 글로벌 인재로 한층 더 발돋움하기 위한 기회를 마련할 수 있고, 해외 네트워크를 쌓을 수 있을 뿐 아니라 간혹 해외에서도 근무할 수 있다는 것이 매력적인 요소입니다.

글로벌 기업들은 국내 기업들에 비해 네트워크와 시스템이 잘 갖춰져 있고, 다양한 국가의 사람들과 근무할 수 있는 기회가 주어집니다. 글로벌 기준Global Standards에 맞춰 기업들은 혁신을 해나가고 있으며, 외국계 기업들은 일찍부터 윤리경영을 도입해 회사 규범들을 철저하게 지켜나가고 있습니다. 성과를 얼마나 잘 내는지도 중요하지만 핵심가치, 문화, 윤리, 법 등을 철저하게 준수하는 환경에서 일을 하게 되면 자연스럽게 글로벌 인재로 성장할 가능성이 높아지게 됩니다.

글로벌 기업들 중에는 오랜 역사와 체계적인 글로벌 경영시스템을 갖춘 기업들이 많은데 이런 회사들은 선진화된 경영기법이나 인재양성 프로그램을 갖춘 경우가 많습니다. 예를 들면 BMW의 GLDPGlobal Leadership Dev. Program, BAT브리티쉬아메리칸토바코의 MTManagement Trainee, JTI재팬타바코인터내셔널의 JUMP, GE의 FMPGE Financial Management Program 등의 육성 프로그램을 통해 핵심인재 위주로 성장을 지원해주고 있습니다.

"국내 기업은 대규모로 신입을 공개채용 해서 연수원에 합숙하며 오랜 기간 육성하지만, 외국계 기업은 뛰어난 인재를 수시로 채용해 개별적으로 필요한 맞춤형 육성을 하는 것이 체계화되어 있습니다. 외국계 기업은 바로 실무에 투입할 수 있는 인재를 명확하게 채용하는 편입니다."

외국계 기업, 한번 몸담으면 이직도 쉽다

외국계 기업의 경우 국내 기업보다는 외국계 기업의 근무 경력이 있는 사람을 선호하는 경향이 있습니다. 그 이유는 외국계 기업의 합리적인 문화에 잘 적응하고 외국인과 일을 하는 데 문제가 없을 것이라고 생각하기 때문입니다. 따라서 한번 외국계 기업에 발을 담그면 계속 외국계 기업에서 커리어를 쌓을 확률이 높습니다.

합리적인 문화에 익숙해지다 보면 국내 대기업의 수직적인 문화에 적응하기 어렵습니다. 왜냐하면 군대식 문화가 외국계 기업에서 근무한 사람들에게는 불합리하고 불편하게 느껴질 수 있기 때문입니다. 따라서 경력이나 나이가 아닌 성과 중심의 문화에 익숙해진 사람들은 외국계 기업만을 선호합니다.

"외국계 기업에서 한번 커리어를 쌓기 시작하면 국내 기업으로 가는 것이 생각보다 쉽지 않습니다. 문화도 너무나 다르고 외국계 기업들도 외국계 기업 출신들을 선호하고, 합리적인 문화에 익숙해진 경우에는 수직적인 문화에 적응하는 것이 너무 어렵기 때문입니다."

또한 외국계 기업에서는 상대적으로 젊은 나이에 부장이나 임원도 되는데, 외국계 기업을 다니다가 국내 기업으로 이직을 하려면 회사의 기준이나 연공에 따라 어쩔 수 없이 직급을 낮춰서 입사해야 합니다. 연봉은 맞출 수 있겠지만, 기존 직원들의 형평성 때문에라도 직급을 맞추기 어렵습니다.

"저 같은 경우 외국계 기업에서는 부장인데 국내 대기업으로 이직하려면 경력을 계산해보니 과장으로 직급을 낮춰서 가야 합니다. 팀장도 아닌 팀원인 데다 직급도 낮춰서 가야 한다는 것이 생각보다 어렵습니다."

국내 기업에서 근무하는 사람들에 비해 외국계 기업의 근로자들은 이직 횟수가 상대적으로 많은 편입니다. 외국계 기업에 다니는 사람들은 때가 되면 전략적으로 이직해서 커리어를 관리하는 경우도 많습니다.

여행용 가방으로 잘 알려진 쌤소나이트코리아Samsonite Korea의 서부석 대표는 2005년에 만 37세의 나이로 대표에 취임한 후 2017년 현재까지도 대표직을 맡고 있습니다. 서부석 대표는 외국계 기업에서 근무한 지 10년 만에 대표이사가 되었는데 샤넬코리아Chanel Korea, 코사리버만코리아Cosa Liebermann Korea, 그리고 프라다코리아Prada Korea로 이직해서 재무, 세일즈, 마케팅, 기획 등의 업무를 담당하며 외국계 명품 패션브랜드 회사에서만 경력을 쌓아왔습니다. 10년 동안 이직 횟수가 4

회가 넘는데 이직에 대해 보수적인 국내 기업들은 이직이 잦을 경우 아예 입사 기회조차 주지 않지만, 외국계 기업에서는 성공적인 경력 관리 사례로 볼 수도 있습니다.

미국에서는 한 기업에서 오랜 경력을 쌓기보다는 이직이 많은 것을 오히려 능력이 많은 것으로 생각합니다. 외국계 기업은 국내 기업들에 비해 이직에 대해 개방적으로 생각하지만, 아무래도 국내에 있기 때문에 잦은 이직이 커리어의 발목을 잡을 수 있습니다. 따라서 늘 신중하게 이직을 고려해야 합니다.

실제로 저희 고객사 중 한 곳인 글로벌 보험사의 경우 2회 이상 이직한 분들은 서류심사에서 떨어뜨리는 편입니다. 또 다른 고객사의 경우에는 한 회사에서의 근무연수가 3년이 되지 않아도 채용하지 않는데, 한 회사에서 3년 이상 근무해야 그 업무를 수행할 수 있는 역량을 갖추었다고 생각하기 때문이라고 합니다. 이직은 자칫 커리어에 좋지 않은 영향을 줄 수 있기 때문에 신중하게 결정해야 합니다. 무엇보다 정말 좋은 기회가 왔을 때 이직을 하는 전략적 경력 개발이 필요합니다.

커리어의 끝, 임원과 CEO까지 넘보자

어느 조직이든 경력의 최종 목적지는 임원이나 최고경영자라는 리더의 위치까지 올라가는 것일 겁니다. 우선 국내 기업과 비교했을 때 외국계 기업의 CEO는 세 가지 다른 점이 있는데 바로 직급 수준, 연령, 그리고 수명입니다.

첫째, 국내 외국계 기업의 대표이사라는 타이틀은 글로벌 본사의 직급 수준으로는 실제 대표이사가 아니라 상무 등 임원급에 해당하는 경우가 많습니다. 그러다 보니 상대적으로 젊은 나이에 대표직을 맡을 수 있는 것이기도 합니다.

둘째, 국내에 진출한 외국계 기업에 근무 중인 한국인 CEO와 국내 100대 기업 CEO의 연령을 비교해보면 외국계 기업의 CEO 연령대가 평균 4년 정도 젊습니다.

외국계 기업 장수 CEO 현황

*#은 이전 CEO 경력 포함

이름	회사	직급	CEO 경력(년)	이름	회사	직급	CEO 경력(년)
고제웅	랑세스코리아	사장	8	이강호	한국그런포스펌프	사장	23
김경진	한국EMC	대표	10	이영관	도레이첨단소재	회장	14#
김영섭	ARM코리아	사장	16	이재홍	UBS증권 서울지점	대표	12
김태영	필립스전자	사장	7	이천기	한국CS증권	총괄대표	16
김화수	잡코리아	사장	13	이희성	인텔코리아	사장	7
김효준	BMW코리아	사장	19#	임석정	한국JP모간	총괄대표	18
박동훈	폭스바겐코리아	사장	8	정우영	혼다코리아	사장	13#
박세준	한국암웨이	대표	11	정재희	포드코리아	사장	12
브래드 벅월터	ADT캡스	대표	7#	조성식	SAS코리아	대표	9
안규문	밀레코리아	사장	10#	차승훈	JP모간자산운용코리아	대표	6
안성은	도이치뱅크코리아	대표	9#	채은미	페덱스코리아	지사장	7
양성락	블랙록자산운용 한국지점	대표	13	크리스토프 비리드	에실로코리아	대표	7
유원식	한국오라클	사장	11#	하영구	한국씨티은행	은행장	12

출처: http://news.mk.co.kr/newsRead.php?year=2013&no=566522

마지막으로 여러 조사 결과에 따르면 국내 대기업의 경영자에 비해 외국계 기업의 CEO가 평균적으로 더 오랫동안 경영권을 보장받고 경영자로서의 수명이 더 긴 것으로 나타났습니다.

외국계 기업에서 대표이사가 되면 국내 기업들보다 오랜 기간 경영자(지사장)의 자리를 맡기 때문에 가능한 젊은 나이에 성과를 많이 내서 승진을 지속적으로 해 핵심인재 후보에 들어가야 합니다. 그렇다면 외국계 기업의 CEO는 어떻게 해서 되는 것일까요? 이해하기 쉽게 세 가지 사례로 구분해보았습니다.

CASE 1

| 한 회사에서 오랜 근무를 통해 경력을 쌓아 CEO가 된 사례 |

보통 한 회사에 오랫동안 근무해서 CEO 자리까지 올라가는 경우가 많습니다. 이때 국내 지사로 바로 입사해서 승진하는 경우와 해외로 입사해서 한국 지사의 대표가 되는 경우로 나눌 수 있습니다.

1) 필립스코리아 Philips Korea **아시아태평양 전략사업본부 김태영 대표**

외국계 기업의 장수 CEO 하면 빼놓을 수 없는 분이 있습니다. 바로 8년간 필립스코리아를 이끌었고, 본사에서도 '필립스맨'으로 인정한 김태영 대표입니다. 김태영 대표는 1982년 필립스에 입사해 35세에 한국에서 헬스케어 부문 책임Head을 맡기 시작했고, 이후 부사장을 거쳐 2006년부터 필립스코리아의 대표직을 맡게 되었습니다. 그동안의 성과와 역량을 인정받아 2014년부터는 더 넓은 무대로 옮겨 아시아태평양 사업을 총괄하는 대표로 경영을 하고 있습니다. 그는 필립스라는 한 회사에서만 30여 년이 넘는 시간 동안 근무하면서 한 우물을 파온 '정통 필립스맨'이라고 할 수 있습니다.

2) 타워스왓슨코리아 Towerswatson Korea **박광서 부회장**

2010년 4월, 세계적인 경영컨설팅회사인 '타워스페린'과 '왓슨와이어트'의 합병으로 새롭게 출범한 '타워스왓슨'을 인사조직 컨설팅과 경영 전반에 걸쳐 30년 이상의 경력을 갖고 있던 박광서 대표가 이끌게 되었습니다. 그는 1996년 타워스페린의 총괄이사Managing Principal를 역임했고, 더욱 주목을 받게 된 이유는 타워스왓슨의 대표 자리로 승진하였기 때문입니다. 또한 아시아인으로서는 최초로 글로벌 각 지역의 대표이사 인사권을 가지고 있으며, 타워스왓슨 이사회에도 등록이 되어 있는 입지전적인 인물입니다.

CASE 2

| 전략적인 이직과 커리어 관리로 CEO가 된 사례 |

앞서 언급했던 쌤소나이트코리아의 서부석 아시아 총괄사장도 전략적인 이직을 통해 대표의 자리까지 오를 수 있었습니다. 경력 개발 및 관리에 있어서 좋은 기회가 찾아오면 그 기회를 절대로 놓치지 않도록 노력해야 합니다.

1) 암웨이코리아Amway Korea 박세준 대표

2017년 상반기까지 무려 16년 동안 암웨이코리아를 이끌어온 박세준 대표 또한 외국계 기업의 최장수 CEO 중 한 분으로 꼽히고 있습니다. 그는 체이스맨해튼 은행Chase Manhattan Bant을 시작으로 아멕스 카드Americanexpress Card에서 HR인사, 교육 업무를 담당했고, 이후 호주에서 아멕스 직원교육센터를 오픈하기 위해 한국을 잠깐 방문했는데 이때 헤드헌터들의 연락을 받고 1996년 한국암웨이 인사 담당 이사로 첫발을 들이게 되었습니다. 그 뒤 2002년부터 2017년 상반기까지 한국암웨이를 이끄는 전문경영인으로서 국내 다단계에 대한 선입견을 개선하고자 암웨이 유통망을 활용해 성공적인 마케팅과 영업을 하면서 암웨이에 대한 부정적 인식을 타파하고 성장시킨 인물로 평가를 받고 있습니다.

2) 비엠더블유코리아BMW Korea 김효준 사장

BMW코리아 김효준 사장은 무려 20년간 CEO 연임을 하며 '직장인의 신화'를 만들어가고 있습니다. 원래 그는 외국계 제약회사인 한국신텍스에서 상고 출신이라는 제약에도 불구하고 재무분야 능력을 인정받아 부사장 자리까지 승진했으나, 1994년 한국신텍스가 스위스 로슈에 매각되면서 청산작업을 하게 되었습니다.

직원들의 보상을 처리해주면서 회사를 모두 정리한 후 그에게 찾아온 좋은 기회를 이용해 BMW코리아로 이직을 하게 되었습니다. 그는 독일 BMW 본사로 날아가 세 명의 쟁쟁한 후보들과 최고재무책임자CFO 자리를 두고 경쟁하기 위해 면접을 보기 전 자동차에 관련된 논문 등 상당한 양의 자료를 습득했다고 합니다. 김효준 사장은 1995년 BMW가 한국에 진출한 초기부터 최고재무책임자CFO로 시작하여 마케팅 담당 전무, 부사장을 거쳐 2000년 BMW코리아의 사장으로 취임해 2017년 현재까지 대표이사를 맡아오고 있습니다.

3) 푸르덴셜생명Prudential 손병옥 회장

금융업계 최초의 여성 상무인 푸르덴셜생명 손병옥 회장의 경우 홍콩상하이은행HSBC-Hongkong & Shanghai Banking Corp 등 외국계 은행 서울 지점에서 근무하다가 1996년 푸르덴셜생명 인사부장으로 이직을 하게 됩니다. 입사 다음해에 인사부 이사로 승진하고, 1999년에는 인사부 상무, 2001년에는 인사부 전무를 거쳐 2011년 5월부터 2015년 4월까지 푸르덴셜생명 대표이사 사장을 맡기도 했습니다. 현재는 푸르덴셜생명 회장직과 이사회 의장직을 동시에 맡고 있습니다.

4) 한국바스프BASF 조진욱 회장

세계에서 제일 큰 화학회사였던 바스프의 한국 지사를 이끄는 조진욱 회장은 대학 졸업 후 국내 회사였던 금호그룹에 입사했다가 제품 엔지니어에서 판매 엔지니어로 직무를 변경해 한국바스프로 성공적인 이직을 한 사람입니다.

5) 한국그런포스펌프Grundfos 이강호 사장

덴마크에 본사를 둔 세계 1위의 펌프회사인 그런포스펌프의 이강호 사장은 육사 출신으로 하림통상 등에서 근무를 하다가 1989년 한국에 진출하는 그런포스펌프에 합류해 250 대 1의 경쟁률을 뚫고 38세부터 대표이사직을 맡고 있습니다. 25년 이상 긴 기간 동안 CEO를 맡고 있는데 전 세계 그런포스펌프 그룹 내에서도 최장수 CEO로 꼽힐 만큼 그 능력을 인정받고 있습니다. 무려 25년 동안 말입니다.

6) 휠라코리아FILA 윤윤수 회장

화승에서 수출 담당 임원을 역임했던 윤윤수 회장은 미국 휠라 사업자에게 신발을 수출한 것을 인연으로 1991년 이탈리아의 휠라 본사와 합작해 휠라코리아를 설립했습니다. 1990년대 초 160만 달러(연봉 18억 원)에 달하던 그의 연봉은 세간에 화제가 되기도 했습니다. 2005년에는 직원들과 함께 휠라코리아를 인수해 본격적으로 오너의 길로 들어선 데 이어, 2007년에는 휠라 글로벌 브랜드 사업권을 전격 인수해 재계의 주목을 받았습니다. 그는 1991년부터 2017년 현재까지 대표이사를 역임하고 있습니다.

CASE 3

| 국내 사업권을 가지고 들어와 CEO가 된 사례 |

또 다른 사례는 국내 판권이나 사업권을 가지고 한국에서 비즈니스를 펼치고 있는 CEO의 유형입니다. 이런 분들은 사업 파트너의 개념으로 더욱 오랫동안 CEO 역할을 수행하게 됩니다. 우리에게 잘 알려진 브랜드들도 많은데, 본사로부터 사업권을 가지고 들어오려면 자본력도 중요하지만 회사의 문화나 가치와 맞는지 그 사람을 보고 판단하는 경우도 많다고 합니다. 한국에서 사업을 반드시 성공시키겠다고 강력하게 제안하거나 협상력을 갖춘 사람에게 비즈니스의 기회가 주어지고 CEO의 역할도 주어지게 되는 것입니다.

1) 한국도미노피자청오디피케이(주) 오광현 회장

국내 최초로 피자 배달을 시작한 도미노피자의 오광현 회장은 1호점인 오금점을 오픈하면서 배달 피자의 첫선을 보였습니다. 1989년까지 주택은행(현 국민은행)에서 근무한 뒤 카스테레오 제조회사, 3M 대리점, 편의점 등 다양한 사업을 운영하며 노하우를 쌓아가다가 1993년 도미노피자의 한국 진출 소식을 듣고 곧바로 미국으로 날아갔습니다. 그는 한국에서 사업을 어떻게 펼칠 수 있는지 열정을 보여주며 본사를 설득하고 한국에 사업권을 갖고 들어오는 데 성공하게 되었습니다. 한국 도미노피자의 역사는 그렇게 시작되었고, 현재 전국에 약 400여 개 매장을 두고 성공적인 사업을 하고 있습니다.

2) 러쉬코리아LUSH Korea 우미령 대표

길거리에서 비누 거품과 독특한 향기로 사람들을 유혹하는 러쉬코리아의 우미령 대표는 여대를 졸업하고 보석 가공 관련 사업을 하다가 2002년 러쉬의 한국 진출 소식을 접하고 영국으로 날아갔습니다. 당시 러쉬의 국내 론칭을 두고 대기업을 포함해 6개 기업들이 경쟁하는 상황이었습니다. 러쉬는 자금이 많지 않아도 본사에 다양한 아이디어를 제시하고 많은 사람들과 교감하고 친해지려 노력하는 열정을 보고 그녀가 러쉬의 회사문화와 핵심가치에 적합하다고 판단해 적임자로 선임하게 되었습니다. 우미령 대표는 결국 한국에서의 경영권을 승낙받아 2002년 12월 러쉬코리아를 설립했습니다. 명동에 1호점을 오픈하여 2016년 6월까지 387명이 근무하는 성공적으로 회사로 키워내며 무려 14년 동안이나 대표 자리를 맡고 있습니다.

3) 공차코리아Gongcha Korea 김여진 대표

평범한 주부였던 김여진 대표는 공차의 시장성을 보고 싱가포르에서 본사를 열정적으로 설득하여 2023년까지 한국 마스터 프랜차이즈에 대한 사업권을 소유하기로 하고 2012년 공차코리아를 설립하게 되었습니다. 공차코리아의 지분 65%를 340억 원이라는 금액에 성공적으로 매각한 것을 언론에서 크게 다루기도 했습니다. 현재 공차코리아의 대만 본사인 로열티타이완의 지분은 유니슨캐피탈이 인수한 상태입니다.

4) 할리데이비슨코리아HARLEY-DAVIDSON Korea 이계웅 대표

취미생활이 사업으로 이어진 케이스도 있는데, 바로 모터사이클의 대표 브랜드이자 마니아층을 보유하고 있는 할리데이비슨코리아의 이계웅 대표가 그러한 경우에 해당합니다. 그는 1987년부터 1999년까지 약 13년 동안 종합상사인 ㈜대우에 근무하다 36세에 '진정으로 좋아하고 늙어서도 즐길 수 있는 일을 하자'는 목표로 어릴 적부터 타왔던 모터사이클 분야 사업에 뛰어들게 되었다고 합니다. 그리고 미국 본사에 사업 제안서를 내고 부지런히 전화도 하면서 2년여에 걸친 설득과 협상 끝에 1999년 할리데이비슨코리아를 출범시켰습니다. 2008년에는 애스턴마틴 Aston Martin 등 명품 수입차 비즈니스를 위한 기흥인터내셔널을 설립해 현재까지 대표직을 수행하고 있습니다.

5) 스무디킹Smoothieking 김성완 대표

스티브 쿠노 스무디킹 회장: "한국인들은 스무디가 뭔지도 모를 텐데 그게 잘될까요?"

김성완 대표: "한국에서 스무디 사업을 성공시킬 자신이 있습니다."

2002년, 미국 유학 중에 맛보았던 스무디킹의 음료를 국내에 론칭하기 위해 김성완 대표는 본사를 끈질기게 설득했습니다. 그 결과 한국 프랜차이즈 사업권을 받아냈고, 스무디킹 해외 매장 1호점을 한국에 오픈 할 수 있었습니다. 그리고 10년이 지난 2012년 7월, 김성완 대표는 다시금 스티브 쿠노 회장을 만나게 되었는데, 본사가 어려워졌다는 소식을 접하고 5,000만 달러(약 580억 원)에 미국 본사를 역(逆) 인수하기 위한 협상 자리였습니다. 그렇게 해서 31세의 젊은 나이에 스무디킹코리아의 대표를 맡았던 그는 40세에 글로벌 기업의 회장 자리에 오르게 되었습니다. 본사를 인수하여 커리어의 또 다른 발판을 내딛게 된 사례로 볼 수 있겠습니다. 그는 현재 한국 지사의 사업권을 신세계푸드에 매각하고 미국 본사의 사업에 매진하여 경영을 이어가고 있습니다.

FOREIGN AFFILIATED

PART 2

외국계 기업 취업하기

취업을 준비하는 사람들에게 외국계 기업은 좋은 기회가 될 수 있습니다. 외국계 기업의 큰 장점은 대기업에 비해 학벌을 보지 않는다는 것입니다. 대부분의 외국계 기업은 국내에서 어떤 대학을 졸업했는지 입사에 크게 좌우하지 않고 채용의 기회를 줍니다. 또 학연과 지연과 무관하게 평등하게 기회를 제공하고 있습니다. 학력에 자신이 없다면 더더욱 외국계 기업에 도전해보라고 권하고 싶습니다. 경쟁이 지나치게 치열한 국내 기업만을 바라보지 말고 기회가 더 많은 외국계 기업으로 눈을 돌려봅시다. 또한 외국계 기업으로 입사를 결정했다면 외국계 기업에 대비해 취업이나 이직을 준비해야 합니다. 2부에서는 어떻게 외국계 기업에 취업해야 하는지에 대한 전략과 방법을 알려드리겠습니다.

비정규직 경력도 인정해주는 이직 문화를 이용하라

외국계 기업은 국내 대기업처럼 대규모 공개채용이 활성화되어 있지 않습니다. 그래서 많은 사람들이 채용공고나 정보를 찾는 데 어려움을 느낍니다. 외국계 기업은 갑작스러운 이슈로 많은 인력을 한 번에 뽑아야 하는 상황이 아닌 이상 신입이든 경력이든 대부분 필요한 자리가 나올 때마다 채용공고를 내서 인재를 찾는 수시채용 방식으로 이루어집니다.

신입공채가 없는 외국계 기업은 신입을 채용할 때 인턴직, 정규직, 그리고 비정규직으로 채용합니다. 정규직으로 바로 입사하면 가장 좋겠지만 실제로 신입의 경우 정규직 채용은 많지 않습니다. 외국계 기업은 인턴 제도가 체계적으로 잘 운영되고 있기 때문에 다른 회사에서도 외국계 기업의 인턴 경험을 인정해주고, 인턴으로 입사를 해서 정규직으로 전환되는 비율도 국내 기업에 비해 매우 높은 편입니다. 또 파견직 등 비정규직 채용도 많이 이루어지고 있는데, 국내 기업과 달리 외국계 기업의 비정규직 입사를 추천하는 이유는 크게 세 가지가 있습니다.

첫째, 대부분 국내 대기업처럼 메일 주소가 다르거나 사원증의 색깔이 다르거나 누구든지 비정규직인 것을 알 수 있도록 하지 않습니다. 일부러 드러내지 않기 때문에 신경을 덜 쓰고 근무할 수 있다는 장점이 있습니다.

둘째, 외국계 기업은 외국계 기업에서의 경력을 인정하는 편입니다. 이왕이면 정규직이 좋겠지만 비정규직 경력도 인정해주는 편이므로 경력 손실을 줄일 수 있습니다.

마지막으로 국내 기업에 비해 정규직 전환이 잘되는 편입니다. 이전에 재직하던 회사에서도 비정규직에서 정규직으로 전환되는 사례가 많았고, 글로벌HR에서 외국계 인사담당자들의 이야기를 들어봐도 정규직 전환 사례가 매우 많다는 것을 알 수 있습니다. 한 예로 저와 같이 근무했던 한 여직원은 산휴대체근무(담당자가 출산휴가로 인해 몇 개월 비우는 기간에만 다른 사람을 채용하는 제도)만으로 여러 외국계 기업에서 근무를 했음에도 이후 외국계 기업에 정규직으로 이직하기도 했습니다. 국내 기업이라면 있을 수 없는 일이지요. 또 다른 회사에서는 아르바이트로 입사해 일을 도와주다가 내부 채용의 기회가 주어져 인사팀 정규직으로 입사를 한 경우도 있습니다.

제가 다니던 곳에서도 비정규직 직원들이 상당히 많았고, 상당수가 정규직으로 전환되기도 했습니다. 사람들이 잘 알고 있는 글로벌 소프트웨어 기업의 인사팀은 절반 이상이 비정규직 형태로 근무하고 있습니다. 국내 대기업에서는 아무리 업무를 잘하더라도 정규직 전환을 꿈꾸기 쉽지 않은 반면, 외국계 기업은 같은 부서나 타 부서나 상관없이 내부 추천이나 채용을 적극 활용하고 있어서 정규직으로 전환

되는 사례가 많습니다. 외국계 기업에 입사하기 위해서는 외국계 기업의 인턴 등을 선회하여 입사하는 방법을 택해야 합니다. 일을 잘하면 더 좋은 기회가 올 수 있으니까요.

굳이 한국인을 채용하는 이유를 생각해보라

원어민처럼 영어를 잘해야만 외국계 기업에 채용되는 것일까요? 물론 외국인과 직접적으로 커뮤니케이션을 해야 하는 일부 직무의 경우 그럴 수도 있지만 그보다 직무에 대한 이해가 더 중요하다고 생각합니다. 한국 지사는 한국에 진출해서 한국 시장에서 한국 사람들을 대상으로 비즈니스를 한다는 사실을 기억해야 합니다. 많은 분들이 이러한 부분을 간과하고 국내의 외국계 기업에 입사하려면 해외에서 거주한 경험이 있거나 영어를 원어민처럼 사용해야 한다고 생각하는데 사실 그렇지 않습니다.

원어민처럼 외국어를 못해도, 해외 거주 경험이 없어도 외국계 기업에 채용될 수 있습니다. 실제로 영어 면접을 보지 않는 외국계 기업들도 너무나 많습니다. 영어 면접을 진행하더라도 자기소개나 수

강과목을 소개하는 수준의 간단한 답변을 요구하는 등 국내 대기업보다 훨씬 쉬운 수준으로 영어 면접을 진행합니다.

어학 능력은 분명 경쟁력이 되지만 어학 능력만 뛰어나다고 채용을 하는 것은 아닙니다. 입사를 할 때에는 기본적이고 간단한 영어 실력만 갖추고 있으면 됩니다. 물론 입사 후에는 어학 실력이 정말로 중요하지만요.

"영어 면접이 중요할 것 같아서 열심히 준비했는데 영어 면접을 시행하지 않았습니다. 입사 후에는 직무에 따라 외국어 능력의 중요성이 다르고, 또 리더로 올라가는 데 꼭 필요하지만 입사할 때에는 반드시 영어를 잘해야 하는 것은 아닙니다."

외국계 기업에서 왜 영어 면접을 진행하지 않을까 생각해보았습니다. 우선 영어를 원어민처럼 사용하지 않아도 되는 업무일 수도 있습니다. 외국계 기업에서도 직무마다 요구하는 언어 실력과 수준에 차이가 존재합니다. 또 외국계 기업 출신들은 기본적으로 영어를 잘한다고 생각해 영어 면접을 생략할 수도 있고, 굳이 영어 면접이 필요 없다고 판단할 수도 있습니다. 직무에 따라 다르지만 외국계 기업의 영어 면접 수준이 높지는 않다는 점을 알고 적극적으로 지원하시길 바랍니다.

외국계 기업에서 요구하는 역량은 크게 소통Communication, 책임감Responsibility, 그리고 유연성Flexibility 등입니다. 우선 소통 능력은 비단 어학 실력만을 이야기하는 것이 아니라 본사, 지사, 파트너, 고객들과의 효율적인 업무 수행을 위해 필요한 소통 능력을 말합니다. 소통 능력이란 상대방의 메시지를 정확히 이해하고 상대방에게 내 메시지를 정확하게 전달하는 능력을 뜻합니다. 구두든 메일이든 상대방의 입장에서 생각하며 의사소통 능력을 키우기 위해 노력해야 합니다.

또 외국계 기업은 국내 대기업처럼 인력이 많지 않기 때문에 한 사람이 담당하는 업무가 세분화되어 있지 않은 경우가 많고, 업무의 범위도 상대적으로 넓은 편입니다. 한마디로 직급이나 경력을 떠나 책임과 권한을 많이 주는 편입니다. 대신 맡아서 해줄 사람이 없기 때문에 한 사람이 책임져야 할 업무가 많고, 주도적으로 업무를 수행하지 않으면 실수가 발생하며 그에 대한 책임도 스스로 져야 하는 경우가 많습니다.

마지막으로 유연성을 갖추어야 합니다. 외국계 기업의 경우 다양한 문화가 뒤섞여 다양한 국가의 사람들과 일하고 차별이 적기 때문에 서로 다름을 이해하고 받아들이려는 노력을 해야 합니다.

나에 대한 이해, 취업 준비의 시작이자 핵심이다

취업 준비의 시작은 무엇보다 나에 대한 이해가 핵심이 되어야 합니다. 내가 무엇을 할 때 열정을 갖고 좋아했는지, 또 집중했는지 찾아보고 고민해봐야 합니다. 내가 성과 중심의 외국계 기업에 과연 맞을지도 고민해보고 입사를 준비해야 합니다. 그 과정을 거치지 않으면 어렵게 입사했다가 쉽게 그만두고 나올 수 있기 때문입니다. 나에 대한 이해 부분을 설명하려면 한 권으로는 부족하기 때문에 이 책에서는 다루지 않겠습니다.

나에 대한 이해가 이루어졌다면 이제 내가 앞으로 어떤 '일'을 하며 살 것인지 고민을 시작해야 합니다. 내가 어떤 업무로 먹고살 것인지 정해야 하는데, 조직 내에서 업무를 바꾸는 것은 정말 쉽지 않은 것이 현실입니다. 그러므로 직무의 종류에는 어떤 것들이 있는지 잘 알아보아야 합니다. 내가 잘할 수 있는 일, 관심이 있는 분야를 우선적으로 선택하시길 바랍니다. 이때 모든 것은 지원하는 직무로 귀결되어야 합니다.

회사나 조직에서 사람을 채용하는 이유는 경영과 밀접한 관련이 있습니다. 당연히 경영상 필요한 사람을 채용하는 것입니다. 회사와 조직마다 경영에 필요한 직무를 구분하는 방법은 다양하지만 크게 R&D(연구개발), 생산/제조, 영업/마케팅, 경영지원 등으로 구분할 수 있습니다.

간단히 설명을 드리자면 기업에서는 어떤 제품이나 서비스가 시장에 필요한지 판단하기 위해 시장조사를 하거나 시제품을 만들어냅니다. 제조업의 경우에는 이를 생산하고 제조하여 만들어내고, 이 제품을 영업을 통해 판매하고 마케팅을 통해 알리려는 노력을 할 것입니다. 이후 수익이 발생하기 시작하면 회사에서 근무하는 직원이나 돈과 같은 자원을 관리해야 할 필요가 생깁니다. 이를 통해 자원(물적, 인적)을 적재적소에 사용하고 관리하기 시작합니다. 아래 표를 참고하여 자신에게 맞는 직무를 한번 고민해보시길 바랍니다.

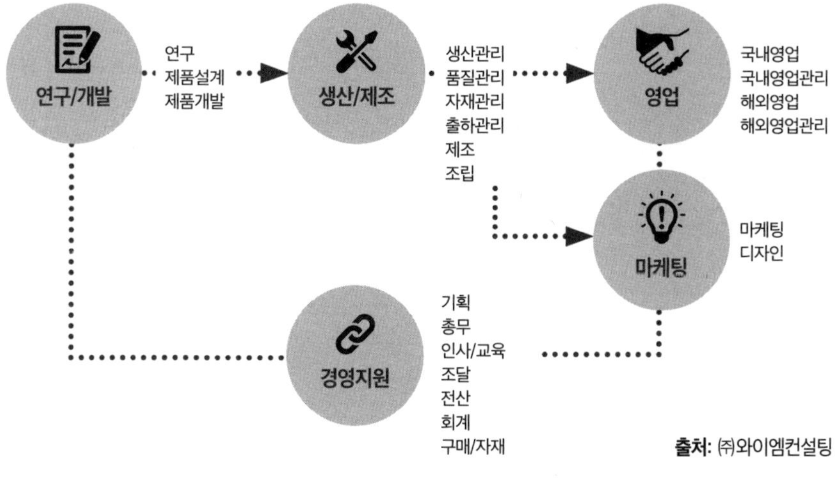

출처: ㈜와이엠컨설팅

같은 직무이라도 회사에 따라 소속 부서가 다르거나 업무 내용이 전혀 다를 수도 있습니다. 회사마다 사용하는 용어나 구조가 다르기 때문입니다. 예를 들면 어떤 회사에서는 언론 홍보를 마케팅 부서에서 담당하지만, 또 어떤 회사에서는 경영지원 부서에 속해 있기도 합니다. 다음 표에 보편적인 직무별 담당 업무와 필요 역량, 외국계 기업 중 직무 소개 관련 내용을 정리해두었으니 직무 이해나 선택 시 참고하시면 도움이 될 것입니다. 이 표에서는 편의상 Management관리를 Mgmt., Development개발을 Dev.로 줄여 표기했습니다.

직무별 담당 업무 및 필요 역량

구분	직무명(영문)	담당 업무	필요 역량 (예시)
연구개발	시장조사 Market Research	• 신제품에 대한 니즈 조사 • 소비자 동향 조사 • 기존 제품 고객 호응도 조사	• 시장 변화에 대한 능동적 대처 능력 • 니즈 파악 위한 분석력 • 의견 취합 및 시사점 도출 능력
	제품기획 Product Planning	• 신제품 아이디어 도출 • 니즈 맞춘 제품 콘셉트 기획 • 제품 라이프사이클 관리	• 고객 및 시장 니즈 분석력 • 프로젝트 관리 능력 • 고객 만족을 위한 콘셉트 기획력
	제품설계/개발 Product Design/Dev.	• 고부가가치 제품개발(원가경쟁) • 출시 후 안정화까지 관리 • 공정기술 개발 • 제품 특성 개선/불량 분석	• 신기술, 제품 개발 위한 창의적 사고 • 냉철한 공정 및 문제 분석력 • 원가 경쟁력 확보를 위한 문제 해결 • 제품 설계자와의 커뮤니케이션 능력
생산/제조	생산관리 Production Mgmt.	• 생산성 향상 및 납기 단축 • 생산시스템 구축 및 관리 • 생산시스템 혁신/개선 • 생산계획 수립/생산지표 관리 • 안전한 작업환경 제공/관리	• 적기 생산출하를 위한 일정관리 능력 • 생산성 향상을 위한 문제 발견 능력 • 적극적인 개선 의견 제시 • 일정 수립 및 관리 능력
	품질관리 QA(Quality Assurance)	• 품질 문제 실시간 모니터링 • 품질 검증 및 개선 고객 소통 • 제품 출시 후 대응 업무	• 지속적인 관찰 및 문제점 분석력 • 꼼꼼한 모니터링 • 적극적인 개선 실시 • 품질관리 능력

생산/제조	재고관리 Inventory Mgmt.	• 재고 현황 파악 • 수요/공급 분석 및 예측 • 자재 입출 통제/관리	• 수요 예측 위한 분석력 • 기술환경 분석 능력 • 재고 실시간 파악 및 관리 능력
	구매 Purchasing	• 국내외 원재료 수급 계획 • 거래업체 관리 • 국내외 원재료 시세 파악 • 단가 결정 및 발주	• 타 부서와 원활한 커뮤니케이션 능력 • 내/외부 상황에 대한 상황 대처 능력 • 협력업체와 협업 위한 문제 해결 능력 • 의사결정에 필요한 다양한 정보 수집력
	출하관리 Shipping Mgmt.	• 물류 통제 및 관리 • 파트너 업체 관리 • 물류창고 관리	• 외부 협력업체 관리 능력 • 일정 및 스케줄링 관리 • 현장 문제 대응 능력
영업	국내영업 Domestic Sales	• 신규 거래처 발굴 • 기존 거래처 관리 • 고객 니즈 파악 및 해결	• 신규 고객 발굴을 위한 추진력 • 목표 및 일정 계획 수립 능력 • 고객 만족을 위한 고객 지향적 태도
	해외영업 Overseas sales	• 해외거래처 발굴 및 관리 • 해외영업	• 고객 니즈 파악 능력 • 해당 국가에 대한 지식 및 언어 • 다양한 문화 이해 능력
	영업관리 Sales Mgmt.	• 직영/가맹 매출 활성화 • 영업 목표 관리 • 채권 재무 관리 • 현장 마케팅 및 각종 홍보 지원	• 고객과 시장환경 정보 수집 및 분석력 • 영업 전략 수립을 위한 기획력 • 현장과의 협업을 위한 협상력 • 현장과 본사 간 커뮤니케이션 능력
	영업지원 Sales Admin	• 고객 계정 관리 • 고객과의 계약 관리 • 사내 영업 관련 서류 업무 지원	• 영업에 대한 적극적인 협조 • 꼼꼼한 서류 및 문서 관리 능력
	사업개발 Business Dev.	• 시장조사 • 신규 사업 기획	• 사업성 검토 위한 조사 및 분석력 • 시장 흐름을 읽을 수 있는 통찰력 • 프로젝트 및 일정 관리 능력 • 현장 및 유관 부서 소통 능력
마케팅	마케팅 Marketing	• 고객 인지도 관리 • 고객 커뮤니케이션 • Brand Building	• 종합적 사고력과 분석력 • 효과적 마케팅 전략 수립 위한 통찰력 • 마케팅 목표 달성 위한 추진력

마케팅	홍보 PR - Public Relation	• 각종 채널 관리(홈페이지/SNS) • 기업 사회공헌활동 수행 관리 • 미디어 및 대상 행사 진행 • 데이터베이스 구축 및 관리	• 커뮤니케이션 스킬(기획력) • 디지털 커뮤니케이션 이해 • 매출 향상 위한 현장 분석 능력
	언론홍보 Media Public Relation	• 위기 관리(RM) • 언론 모니터링 • 대내외 고객 채널 관리 • 매체자료 관리 • 정기 보도자료 및 뉴스레터 발송	• 언론인과의 원활한 대인관계 능력 • 대내외 고객과의 의사소통 능력 • 커뮤니케이션 능력(기획력, 작문력) • 사내외 취재활동 위한 적극성
경영지원	회계 Accounting	• 매출/비용 집계 • 최적의 원가 검토 • 관련 부서 간 상호 업무 협조 지원 • 원가 분석 및 관리(원가 절감) • 비용 및 손익 관리	• 디테일을 놓치지 않는 꼼꼼함 • 원가 절감을 위한 분석력 • 회계/재무에 대한 기본 지식 • 각종 법률(상법, 증권거래법) 지식
	재무 Finance	• 자산 및 재고 관리 • 재무시스템 전반 관리 • 중장기적 자금운영 전략 수립 • 외부감사 수검 • 세무 신고/관리	• 전략적 사고 및 기획력 • 의사소통 능력 • 상황에 대한 객관적인 시각 • 세분화 추적하는 통찰력 • 회계/재무 관련 기본지식 • 각종 법률(상법, 증권거래법) 지식
	인사 HR(Human Resource)	• 채용부터 퇴직 프로세스 관리 • 채용 프로그램 기획 및 진행 • 인사제도 설계(평가, 보상) • 효율적 보상제도 기획/수행	• 이슈 파악 분석력 • HR 이슈 해결 위한 기획력 • 다양한 의견 수용(포용, 폭넓은 사고) • 커뮤니케이션 능력(인터뷰 능력)
	교육 Training	• 교육 니즈 조사 • 전사교육 계획 수립 • 사내교육 과정 설계 및 진행 • 교육 효과 조사 및 측정	• 니즈 분석력 및 교육 기획력 • 과정 개발을 위한 프로그램 개발력 • 원활한 교육 진행을 위한 과정 운영 • 내용을 효과적으로 전달하는 강의력
	법무 Legal	• 법적 리스크 검토 • 소송 분쟁 사후처리 • 계약 검토 법률 자문 • 협상 커뮤니케이션	• 구체적인 법학 관련 지식과 전공 • 업무 특성상 해당 분야 전문지식 • 법무에 대한 논리적 사고/분석력 • 문제 해결 위한 정보수집, 가공 능력

경영지원	비서 Secretary	• 경영진 일정 관리 • 행정 업무 지원	• 경청 및 소통 능력 • 문제 해결 능력 • 일정 정리 및 관리
	경영기획 Business Planning	• 경영 이슈와 위험요소 파악/대응 • 新성장동력 발굴 • 회사 목표 및 전략 설정 • 성과 창출 위한 사업전략 수립 • 경영자원 효율적 배분 및 운영	• 사업 관련 자료 분석 및 기획력 • 기본적 회계/재무 지식 • 프로젝트 관리 능력 • 사업의 원활한 관리 및 조율 능력

출처: ㈜와이엠컨설팅

패션, 유통업계 직무 소개 1 - 나이키스포츠코리아

카테고리	직무(영문)	직무(국문)	직무 내용
마케팅	Marketing	마케팅기획	시장환경을 분석하여 마케팅 전략을 수립하고 전개합니다. 새로운 상품을 기획, 개발하여 회사의 매출 신장과 수익률 제고에 기여하는 역할을 합니다. 주요 업무로 시장조사 및 분석, 마케팅 전략 수립, 마케팅 활동 및 성과 관리, MD, BM 등의 업무를 수행합니다.
영업	Sales	영업직	고객과 시장의 접점에서 본사 및 각 지점의 제품 또는 서비스에 대한 영업 및 영업관리활동을 전개합니다. 고객 만족을 실현하고 판매를 촉진시켜 회사 수익창출의 직접적인 역할을 합니다. 주요 업무로 영업계획 수립, 영업활동 및 실적 관리, 고객/거래선 관리, 신규시장 개척 등의 업무를 수행합니다.
	Retail	리테일	고객과 대면하는 최접점인 Nike.com(나이키 온라인 숍)과 오프라인 매장에서 제품의 판매활동과 관련한 일체의 업무를 수행합니다.
경영지원	CS	고객지원	Customer Service/Satisfaction 고객 만족 서비스를 구현하기 위한 업무를 수행합니다. 고객들의 입장에서 서비스를 평가하고, 고객들이 어떤 부분에서 만족감과 불편함을 느끼는지 면밀히 조사하여 기업의 CS품질을 높이는 업무를 수행합니다.
	Facility Manager	시설관리	유통 물류센터의 설비 유지 활동들을 계획, 감독, 조직합니다. 컨베이어, 스태커기중기, 분류기, 조명시설, 냉난방시설, 소방시설과 같은 건물 관련 시설을 관리합니다.
	Innovation	전산	나이키코리아 제품과 관련한 전반적인 데이터베이스를 제작하고 컴퓨터 및 정보통신 관련 업무를 담당합니다.

연구개발	Demand Planner	수요기획	시즌별 상품의 모든 국면에서의 결정들을 계획하기 위해 정보를 분석하고 권고하는 업무를 담당합니다. 데이터를 만들고 분석하여 복합 기능팀 멤버들이 카테고리 라인을 계획하는 데 영향을 줍니다. 마켓을 분석하고 상품 트렌드를 개발하기 위해 발전된 기술들을 사용하기도 합니다.
	MD Merchandising	상품기획	Nike Sportswear에서 제품의 판매활동과 관련한 일체의 업무를 수행합니다. 주로 제품 진열 및 포장, 매장 관리, 입고 관리, 판매소모품 관리, 고객 응대 및 판매, 반품처리 등의 업무를 수행합니다.
경영지원	Account Payable accountant	회계	주간 지출 요청 지불 및 직원 지출 관련 업무 담당, 회사 규제 및 NSK 회계 확인 및 회계감사부의 규칙을 준수하여 업무를 처리합니다. 월말 마감일과 재무상태표의 AP 수지 결산을 맞춥니다. 또, 세금 관련 업무를 지원합니다(부가세, 법인세, 원천세 등).

출처: http://www.nike.com/kr/ko_kr/

패션, 유통업계 직무 소개 2 - 보테가베네타코리아

카테고리	직무(영문)	직무(국문)	직무 내용
마케팅	MD	머천다이징	라인 구축, 제품 가격 책정 및 포지셔닝, 글로벌 바잉 전략, 매장 내 컬렉션 활약 최적화
	PR	홍보	커뮤니케이션 서비스, PR, 광고, 행사, 디지털 관리
	CRM	고객관계관리	고객 통찰력 및 관계 관리
영업	Retail	리테일&홀세일	리테일/홀세일 관리, 리테일 경험 관리, 스토어 관리, 직원, 운영, 리테일 교육, 스토어 계획
경영지원	Admin	행정	재무 및 관리, 법무, 인사, 정보 시스템 및 IT 관리
연구개발	Design	디자인	가죽 제품, 레디 투 웨어, 슈즈, 주얼리
	R&D	자료조사 & 제품개발	디자인팀과 컬렉션 발표에 관해 긴밀하게 협조
생산제조	Manufacturing	제품제조	패턴 및 시제품 제작, 품질 관리
	Production	생산	구매, 생산계획, 공급망 관리

출처: http://www.bottegaveneta.com/kr

직무에 대해 이해를 했고 선택을 했다면 그다음 이루어져야 할 것은 내가 지원하는 포지션에 최적화된 후보라는 것을 부각시켜 자기소개서를 작성하는 것입니다. 이를 위해서는 해당 직무에 필요한 역량(기술, 지식, 태도)이 무엇인지 알아야 합니다. 외국계 기업의 채용공고를 자세히 보면 인턴이든 신입이든 대규모로 채용하는 국내 공채 시스템과는 달리 어떤 업무를 하고 어떤 역량이 필요한지 명시되어 있는 경우가 많습니다. 채용공고에 올라온 직무기술서Job description에 맞춰 자기소개서를 작성하는 것이 중요합니다.

채용정보도 아는 만큼 보인다

외국계 기업의 채용정보는 국내 기업들의 채용공고에 비해 찾기가 쉽지 않습니다. 국내 채용포털사이트의 경우 별도의 신입공채 페이지 제작이나 광고를 위해 비용을 지출하지만, 외국계 기업의 경우 대규모 채용보다는 필요할 때마다 채용하고 그 인원도 적습니다. 그러다 보니 잘 드러나지 않고, 신입 채용도 헤드헌팅(채용 대행)을 통해 진행하는 경우가 많습니다. 채용정보나 기업정보를 찾기 어렵다 보니 많은 사람들이 채용정보 찾기가 어렵다는 이야기를 많이 하는 만큼 국내 채용포털사이트 외에도 몇 가지 채널을 공유하고자 합니다.

1 채용사이트 및 커뮤니티

앞서 말씀드린 대로 외국계 기업에 대한 채용정보는 찾기 쉽지 않습니다. 그래서 채용정보에 대해 항상 관심을 갖고 눈과 귀를 열어두어야 합니다. 그나마 외국계 기업의 채용공고가 가장 많이 올라오는 사이트로는 제가 운영하고 있는 '글로벌 HR' 카페나 외국계 전문 채용사이트 〈피플앤잡〉 등이 있습니다.

이름	주소	특징
글로벌HR	http://cafe.naver.com/humanperformance	외국계 채용 전문 커뮤니티
피플앤잡	www.peoplenjobs.com	외국계 전문 채용사이트
링크드인	www.linkedin.com	SNS 기반 외국계 채용 플랫폼
인디드	https://kr.indeed.com	검색 기반 외국계 채용사이트

2 헤드헌팅 Headhunting

헤드헌터Headhunter는 기업 내 채용담당자를 대신해 서치펌Search Firm에 근무하거나 파트너로 해당 포지션에 적합한 인재를 찾아 채용하는 포지션과 기업에 대해 소개하고 설득해서 이력서를 받아 전달하고, 정해진 채용 절차에 따라 최종 입사 때까지 돕는 역할을 합니다. 헤드헌터들은 기본급을 받는 대신 채용을 성공시키면 의뢰한 고객(기업)에게서 수수료를 받는 성과급 형태로 일하는 경우가 많습니다. 혹시라도 헤드헌터가 돈을 요구한다면 바로 신고해야 합니다.

IMF 외환위기 이후 직장인들의 이직이 활발해지고 개인의 경력 관리가 중요해지면서 국내 서치펌은 2014년 기준 등록된 업체만 약 500개 이상으로, 등록되지 않은 업체들까지 합치면 약 3,000개 정도로 추산되고 있습니다.

서치펌도 국내와 외국계로 구분할 수 있는데 외국계 중 대표적인 서치펌으로는 콘페리인터내셔널Korn/Ferry, 하이드릭앤스트러글스Heidrick&Struggles, 이곤젠더인터내셔널Egon Zehnder, 그리고 로버트월터스ROBERT WALTERS 등 네 개 회사가 있습니다. 콘페리인터내셔널의 경우 세계적 인사컨설팅회사인 헤이그룹Haygroup을 인수하기도 했습니다. 향후 체계적인 커리어 관리를 위해서는 고급 정보를 많이 가진 헤드헌터 분들과 지속적으로 친분을 쌓는 것도 중요합니다.

서치펌(Search Firm) 수	헤드헌터 수	시장 규모

약 500개	약 4,000여 명	약 5,000억 원

출처: 〈매일경제〉, '김부장, 새 직장 찾는다고? 헤드헌터에게 알아봐', 2014. 08. 05.

흔히 헤드헌팅은 경력직 채용에만 많이 활용하는 것으로 알고 있지만 외국계 기업의 경우 신입이나 인턴, 계약직 직원 채용에도 헤드헌팅을 사용합니다. 채용포털사이트에 들어가서 채용공고를 찾아보면 회사명은 명시되어 있지 않고 '외국계', '외국기업' 등의 채용공고 제목들을 볼 수 있을 것입니다. 예를 들면 '외국계 명품회사 CRM 담당자 채용', '외국계 IT기업 마케팅 담당자' 등과 같이 회사명이 나타나지 않은 채용공고는 대부분 헤드헌팅으로 채용하는 공고라고 생각하시면 됩니다. 해당 채용공고마다 연락처나 이메일 주소가 명시되어 있으니 어떤 회사인지, 지원해도 되는지에 대해 메일이나 전화로 문의하시면 됩니다.

3 소셜네트워크서비스SNS

SNS를 통한 채용공고 중 대표적인 것으로 직장인들의 프로페셔널 SNS 서비스인 '링크드인Linkedin'이 있습니다. 링크드인을 통해 채용정보를 쉽게 접할 수 있습니다. 국내 외국계 기업뿐만 아니라 해외 취업과 관련해서도 많은 정보와 기회를 얻을 수 있을 것입니다. 개인적으로는 링크드인을 2013년부터 시작해 6,000명 이상의 네트워크를 맺었고, 실제 링크드인에 올려놓은 저의 프로필을 보고 홍콩에 근무 중이던 구글Google 아시아퍼시픽APAC 채용 담당자가 전화로 면접을 보기도 했습니다. 세계에서 가장 큰 SNS인 '페이스북Facebook'도 기업채용서비스를 시작한 만큼 이제 SNS를 통한 채용이 점차 활발해질 것입니다.

"안녕하세요? A회사 마케팅팀의 Alex 팀장입니다. 이번에 저희 마케팅팀에서 신입사원을 채용할 예정입니다. 마케팅에 관심이 있는 사람은 누구든지 환영합니다. 혹시 관심이 있는 분들은 주저하지 말고 제 메일로 이력서를 보내주세요. 많은 지원 바랍니다. 감사합니다."

SNS의 경우 형식적인 채용공고를 올리기도 하지만, 같이 일하게 될 동료나 상사가 직접 자신의 SNS에 올리는 경우도 많기 때문에 관심 직무와 관련된 네트워크를 많이 쌓는 것이 중요합니다. 예를 들어 마케팅 직무에 관심이 많다면 마케팅팀에서 근무하는 사람들과 네트워킹을 쌓는 것입니다. 저 역시 현재 페이스북에 5,000명 이상의 친구가 있습니다. 적극적으로 1촌(친구) 신청을 해서 많은 사람들과 교류하길 바랍니다.

4 인력 아웃소싱업체 파견업체

외국계 기업에서 이용하는 글로벌 인력파견회사 중 국내에서 인지도가 있는 곳으로 맨파워코리아Manpower Korea와 아데코코리아Addeco Korea 등이 있습니다. 이외에도 훨씬 많지만 여기서는 간단히 두 회사만 소개해보겠습니다.

먼저 맨파워그룹Manpower Group은 1948년 미국에 설립된 세계 최초의 인력파견회사로 1967년 뉴욕에 상장했고, 〈포춘〉지 500대 기업 중 129위를 차지하며 존경받는 기업으로 10년 연속 선정되기도 했습니다. 특히 〈포춘〉지 500대 기업 중 469개 고객사를 보유하고 전 세계 80개국에 진출한 회사로 유명합니다.

아데코코리아의 본사인 아데코그룹Addeco Group은 스위스에 본사를 두고 있으며, 인력파견업체 세계 1위 회사로서 2011년 기준 매출이 한화로 약 30조 원 이상을 달성했고 약 3만 3,000명 이상의 내부 직원과 약 70만 명 이상의 파견(아웃소싱) 직원, 약 10만 개 이상의 고객을 보유하고 전 세계 60개국 5,500여 개 지사를 가지고 있는 글로벌 인력파견회사입니다.

외국계 기업은 본사의 정책이나 윤리적 이슈로 인해 국내 아웃소싱업체보다는 글로벌 업체를 이용하는 경우가 많습니다. 외국계 기업은 정규직 채용이 많지 않기 때문에 이와 같은 파견전문회사 소속으로 일을 시작하기도 하는데, 이는 해당 홈페이지에서 채용공고를 확인할 수 있습니다.

5 인터넷 포털사이트 검색

인터넷 포털사이트에서 검색할 때에는 직무명을 영문으로 적고, 채용이라는 단어와 함께 검색하는 방법이 있습니다. 만약 마케팅이라고 하면 'Marketing 채용'이라고 검색하면 다양한 검색 기록이 나옵니다.

기본적으로 채용공고를 찾을 때에는 지원 가능한 날짜, 직무명, 경력, 자격요건 등을 반드시 확인해야 합니다. 열심히 입사지원서를 작성하고 보니 채용공고가 오래된 것이라면 시간 낭비이기 때문입니다. 외국계 기업의 채용공고를 보면 '3년 이내'라고 명시되어 있는 경우도 있습니다. '신입-3년 이내'도 있고 그냥 '3년 이내'로 명시되어 있는 공고도 있는데 대체로 신입도 지원 가능한 경우가 많으므로 메일이나 전화로 꼭 확인해보시길 바랍니다.

채용공고 사례로 보는 외국계 기업 취업 힌트

점차 입사 경쟁이 치열해지고 있는 만큼 직무에 대한 이해가 없으면 취업이 더 어려워질 수밖에 없습니다. 외국계 기업의 경우 국내 기업에 비해 담당하게 될 업무나 필요한 역량에 대해 채용공고에 자세하게 나와 있기 때문에 이것을 바탕으로 이력서와 자기소개서를 작성해야 합니다.

지금부터 몇 가지 직무 사례를 바탕으로 어떻게 채용공고를 참고해 취업을 준비해야 하는지 알아보도록 하겠습니다. 다음에 나오는 내용은 외국계 명품사인 티파니코리아Tiffany Korea에서 올린 마케팅 담당자의 채용공고입니다. 국내 기업과 달리 채용공고에 담당 업무와 필요 역량에 대해 자세하게 명시되어 있다는 것을 알 수 있습니다.

티파니코리아 마케팅 직군 - 담당 업무 및 필요 역량

담당 업무	필요 역량
• PR 관련 활동 서포트, 마케팅 활동 서포트 • 아래 업무 보조 • 매체 보도자료 작성 및 배포 • 기자 컨택 • 제품 촬영 어레인지 • 클리핑 및 HQ MONTHLY PR report 작성 • 각종 Launch Event 및 Promotion 진행	• 창의성, 성실함, 활발함, 끈기와 패션업계에 대한 열의 및 관심 • 영어 가능자 • MS Office 사용 능숙자 • 디지털/SNS 활용 활발한 분 • 6개월 이상 1년 미만 근무(1년 가능자 우대) • ASAP 근무 가능자 • 6개월~1년 이상의 인턴 유경험자 우대

여기서 자세히 살펴봐야 할 것은 PR 관련 활동 서포트, 마케팅 활동 서포트, 매체 보도자료 작성 및 배포 보조, 기자 컨택, 제품 촬영 어레인지 보조, 클리핑 및 HQ MONTHLY PR report 작성 보조, 각종 Launch Event 및 Promotion 진행 보조 등의 담당 업무에 대한 자세한 명시입니다. 구체적으로 명시된 해당 직무에 맞춰 자신의 경험을 밑바탕으로 이 업무를 잘할 수 있다고 어필해야 합니다.

글로벌 제약회사인 존슨앤존슨Johnson&Johnson도 영업마케팅 직군을 채용하면서 해당 포지션에서 담당하게 될 업무와 필요 역량을 자세하게 명시해놓고 있습니다. 알 수 없다면 또 모르겠지만 자세하게 나와 있으니 한번 살펴보도록 하겠습니다. 담당하는 업무를 보면 Regional Product Study 및 Report, 고객사 니즈에 맞는 리서치 설계 및 분석, 분석보고서 작성 및 PT, 클라이언트와의 커뮤니케이션 및 조사 전반 관리 업무, 제안서 준비 및 전달 업무라고 명시되어 있습니다. 우리는 이를 통해 기본적인 업무 프로세스를 이해하고 준비할 수 있습니다.

존슨앤존슨 영업마케팅 직군 - 담당 업무 및 필요 역량

담당 업무	필요 역량
• Regional Product Study 및 Report • 고객사 니즈에 맞는 리서치 설계 및 분석 • 분석보고서 작성 및 PT • 클라이언트와의 커뮤니케이션 및 조사 전반 관리 업무 • 제안서 준비 및 전달 업무	• 영어 말하기, 쓰기 스킬 • 진취적인 사고와 활동적인 성격을 가진 자 • 자기 개발 의지와 도전의식이 강한 분 • 대학 및 대학원 기졸업자 및 2014년 2월 졸업 예정자 • 운전면허 소지자(필수) • 남자일 경우 병역필 또는 면제자 • 해외여행에 결격사유가 없는 자

해당 채용 포지션의 업무는 B2B 세일즈나 컨설팅 업무와 비슷하다고 생각하시면 좋을 것 같습니다. 전반적인 업무 프로세스를 유추해보면 고객과의 커뮤니케이션을 통해 고객의 니즈를 파악하고, 필요한 조사에 대해 제안서를 작성해서 전달한 후 니즈에 맞는 리서치 설계와 분석을 진행하여 그 결과보고서를 발표하는 업무입니다. 그렇다면 이 포지션에 지원하는 사람에게 필요한 직무 역량은 기획력, 분석력, 커뮤니케이션, 발표 능력으로 정리할 수 있을 것입니다. 이를 바탕으로 본인의 강점을 정리하면 직무에 대한 높은 이해도는 물론 직무에 딱 맞는 인재로 비춰질 것입니다. 그리고 필요 역량에 나와 있듯이 운전면허 소지자(필수)라고 명시된 것도 참고하시길 바랍니다. 필수라는 것은 운전면허가 없으면 채용이 안 된다는 것입니다. 우습게 보일 수 있는 운전면허증이 이 업무에는 매우 중요한 요소라는 뜻입니다. 작은 것 하나도 놓쳐서는 안 됩니다.

다음은 세계적인 PC제조사인 휴렛패커드HP의 회계/재무 포지션으로 향후 담당하게 될 업무와 필요 역량을 명시해놓은 채용공고입니다.

우리는 이 공고를 보고 직무의 강점을 찾아낼 수 있습니다. 바로 재무기능 및 사업을 위한 거래와 분석을 지원하기 위한 규정 정립에서는 꼼꼼함이 필요하다는 것을 알 수 있습니다. 기초 재무분석을 위한 리더들과의 관계에서는 커뮤니케이션과 설득력이 필요하며, 복잡한 비즈니스 이슈 관리 업무에서는 관리 능력, 마지막 비즈니스 추진과제를 위한 분석 제시에서는 분석력이 필요하다는 것을 유추할 수 있습니다. 이 직무에 필요한 역량은 앞에서 언급한 부분들에 일부 명시되어 있습니다.

HP(회계/재무) 경영지원 직군 - 담당 업무 및 필요 역량

담당 업무	필요 역량
• 재무기능 및 사업을 위한 거래와 분석을 지원하기 위한 규정 정립 • 기초 재무분석을 위한 리더들과의 관계 • 복잡한 비즈니스 이슈 관리 • 비즈니스 추진과제를 위한 분석 제시	• 회계원리와 프로세스 지식 • Analytical Skill • Business application skill(e. g., MS) • Communication skill • Teamwork skill

다음은 엘카코리아ELCA Korea라는 외국계 화장품 회사의 인사담당자를 뽑는 채용공고입니다. 채용공고에 명시된 담당 업무를 보면 크게 두 부분으로 나뉩니다. 글로벌 전략과 연계된 데이터, 보고 관리, 그리고 감성적인 인사 접근. 여기서 '감성적인 인사 접근'이라는 표현이 눈에 띕니다. 권위적인 모습을 보이는 국내 대기업 인사담당자의 모습과 달리 직원들에게 친절한 지원과 서비스를 제공해야 한다는 내부고객 지향적 태도를 담고 있는 것입니다.

ELCA Korea 인사직군 - 담당 업무 및 필요 역량

담당 업무	필요 역량
• 글로벌 전략과 연계된 데이터, 보고 관리 - 해외/국내 인사시스템의 인사데이터 관리 - 인사 보고서 및 다른 서비스 리드 - 인사 보조업무 지원 • 감성적인 인사 접근 - 국내 및 해외 직원, 매니저에 적극적인 응답 - 직원 복지 프로그램 관리 - 인사 관리 관련 원스톱서비스 지원	• 학사 졸업 이상 • 인사 관련 1년 미만 경력/인턴 • 적극적인 커뮤니케이션 자세 • Multi-tasking

리치몬트코리아는 세계적인 명품 유통회사입니다. 물류 담당 업무의 경우 제품의 내부 검사, 외부 프로세스 관리, 재고 관리, 제품의 태그 라벨 붙이는 업무로 명시되어 있습니다. 이 경우 직무 역량으로 꼼꼼함, 프로세스 관리 능력, 수요 예측 등을 통한 재고 관리 능력(기획력) 등이 필요합니다. 필요 역량에 '물류사업 경험 선호'라고 명시되어 있는데, 이는 필수가 아니라 가점을 준다는 것입니다.

리치몬트코리아 경영지원(물류 담당) 직군 - 업무 및 필요 역량

담당 업무	필요 역량
• Inbound inspection on the products • Handling of outbound process • Inventory management • Tag labeling on the products	• 1~2년의 경력 • Inventory control 지식/보고/재고 관리 • 커뮤니케이션 스킬 • 물류사업 경험 선호 • 영어 말하기, 쓰기 • 대학교 기졸업자

이렇듯 외국계 기업의 경우에는 채용공고에 나온 정보들을 잘 분석해 직무에 맞는 취업 전략을 수립해야 합니다.

기업 분석은 기본만 파악하자

자신과 직무에 대한 이해가 끝났다면 그다음 해야 할 일은 기업 분석입니다. 기업 분석에 너무 많은 시간을 쏟을 필요는 없습니다. 그 이유는 사실상 직무의 선택이 취업을 하는 데 있어서 더 중요하며, 이제 그전처럼 회사의 지원 동기가 크게 중요하지는 않기 때문입니다. 이 부분은 특히 경험한 것이 아니기 때문에 얼마든지 지어낼 수 있습니다.

기업에 대해서는 회사의 비전, 미션, 핵심가치 등의 경영철학이나 주력 제품, 서비스 등만 찾아봐도 충분합니다. 역사가 오래된 글로벌 기업일수록 회사의 가치체계를 이해하는 것이 중요합니다. 회사의 가치체계는 보통 미션Mission, 비전Vision, 핵심가치Core Value로 구성되어 있습니다.

미션은 말 그대로 기업이 존재하는 이유, 곧 사명입니다. 고객과 시장에 존재하는 이유, 즉 이 회사가 존재하지 않으면 고객과 시장이 겪게 되는 불편함이 무엇인지 명시해놓은 것입니다. 사명 선언서Mission Statement처럼 명문화되어 있는 기업들도 많은데, 홈페이지에 가면 회사 소개나 채용 부분에 언급되어 있습니다. 홈페이지에 명시되지 않은 경우에는 글로벌 홈페이지를 꼭 방문해서 회사Company 또는 회사 소개Company Introduction를 확인해야 합니다. 또 비전은 미래의 방향, 이상적인 모습으로 보통 매출, 업계 순위, 시장 점유율을 명시해놓고 있습니다.

글로벌 회사일수록 핵심가치와 윤리경영을 많이 강조하는데, 핵심가치는 기업에서 구성원들이 일을 함에 있어서 중요하게 생각하는 의사결정의 기준들을 정리해놓은 것입니다. 외국계 기업은 채용을 할 때 회사의 핵심가치와 어울리는 인재를 선발하기 위해 노력하기 때문에 꼭 참고해야 합니다. 회사에 대한 정보는 최근 몇 년간의 뉴스만 검색해봐도 이해할 수 있을 것입니다. 외국계 기업이라서 검색이 많이 안 될 경우 구글Google 등을 통해 검색해보면 찾을 수 있습니다.

직장을 선택하는 기준 3가지

커리어 전문가로서 수많은 대학교와 취업 준비를 하는 사람들, 직장인을 대상으로 강의하고 코칭을 할 때 자주 듣는 질문이 바로 '직장 선택의 기준'이 무엇이냐 하는 것입니다. 당연히 정답은 없지만 직장을 선택하는 기준은 크게 세 가지로 정리할 수 있습니다.

첫 번째 기준은 바로 '성장 기회'입니다. 회사의 재무적인 성장은 물론 그 회사에서 내가 성장할 수 있는지도 살펴봐야 합니다. 성장은 경험과 직결되며, 향후 나의 몸값과 시장가치에도 큰 영향을 줍니다. 그리고 회사 규모에 비해 얼마나 성장하고 있는지도 중요한데, 성장하는 회사의 경우 회사의 분위기 자체가 활력이 넘치기 때문에 그렇지 못한 곳에 비해 열정을 갖고 즐겁게 일할 수 있습니다.

두 번째 기준은 '직무 가치', 즉 내가 하는 일이 회사에서 중요해야 합니다. 누구든지 자신이 하는 일이 다른 사람에게 도움이 되기를 바라는데, 내 직무가 회사에서 중요하게 생각되어야 동기부여가 될 뿐만 아니라 회사에서 쉽게 구조조정 대상이 되거나 대체되지 않습니다.

마지막 기준은 '금전적 보상'입니다. 물론 돈만을 목적으로 취업 또는 이직을 하라는 뜻은 아니지만 금전적인 부분을 언급하지 않을 수 없습니다. 왜냐하면 우리의 삶과 직결되는 문제이기 때문입니다. 먼저 적정 수준이 얼마인지 나만의 객관적 기준을 설정해놓는 것이 좋습니다. 급여가 너무 낮을 경우 다른 곳에서 좋은 조건으로 이직 제안을 해오면 쉽게 흔들릴 수 있기 때문입니다. 물론 만족스러운 급여라는 것은 없습니다. 사람은 누구나 지금 받는 급여가 적게 느껴지고, 그보다 더 많이 받고 싶어 합니다. 하지만 일반적으로 급여는 매년 상승하게 마련입니다.

회사의 브랜드, 매출(규모)보다는 결국 내가 하는 일을 통해 성장할 수 있는가, 내가 하는 일이 조직에서 중요하게 생각되는가, 그리고 내가 생각하는 충분한 보상을 받고 있는가를 기준으로 직장을 선택하는 것이 좋습니다. 물론 성장 기회, 직무 가치, 그리고 보상, 이 세 가지 모두 만족스러운 회사를 찾기는 쉽지 않기 때문에 자신이 어디에 더 가치를 두는지에 따라 상대적으로 더 만족스러운 회사를 선택하는 것이 중요합니다.

서류전형 1.
커버레터(Cover Letter),
일종의 영문 자기소개서다

일반적으로 외국계 기업을 생각하면 '영문 커버레터Cover letter'를 떠올릴 것입니다. 커버레터를 제출하라는 곳도 있지만, 요즘은 자기소개서 형태로 영문 이력서와 함께 제출하라는 곳이 더 많습니다. 영문 커버레터는 인터넷이 안 되던 시절 우편으로 입사 지원을 할 때 동봉된 레쥬메resume를 소개하는 일종의 '비즈니스 레터'이자 '영문 자기소개서' 개념으로 사용되었으나, 요즘은 커버레터를 자기소개서로 대체하며 이력서 제출만 요구하는 외국계 기업들이 많아지고 있습니다.

커버레터는 정해진 양식이 없기 때문에 편지 형태로 작성한 하나의 양식을 살펴보겠습니다.

Robert Lee(Young min, Lee)

Yangjaecheon, Seocho-gu ● Seoul, Republic of Korea ● 82-01-000-00000 ● abc@naver.com

October 11, 2017

Mr. Kim
HR manager
YM Company
Gangnam Financial Center, 1F
Seoul, Korea

Dear Mr. Kim

YM Company is creative to solve the clients' problems. My career goal is to be a professional consultant, because I have a clear vision in B2B consulting field. I am also very interested in YM training and coaching programs which are useful for the trainees. I will contribute to the YM's growth and performance through my experiences and competencies.

I graduated from MMM University, where I majored in Journalism & Broadcasting. At that time I learned skill for speech, presentation and communication which helps me do this job. I was an intern at ABC consulting, local HR consulting firm for 6 months when I could learn how to propose and persuade the clients. After I saw this position is open, I decided to apply because I can do consulting projects successfully.

I have many strengths. Firstly I have good communication skill. When I have done many team projects, I usually do the leader's role. It's not easy to make a consensus of our team members' opinions and persuade them, but eventually I finish the project successfully by getting A grade. Secondly as I am a target oriented person, I made many cold calls to the clients so that I could achieve 50 million won sales during my internship. That performance proves that I am the person who must do what I planned.

I hope you to review my resume thoroughly and I really expect to meet you, thanking you for the opportunity in advance.

Best regards

Robert

커버레터는 일반적으로 인적 사항Personal Information, 인사말Salutation, 본문Body, 그리고 맺음말Closing로 구성되며 인사말과 본문을 함께 작성하기도 하는 등 다양한 형태를 보입니다.

1 인적 사항Personal Information

인적 사항은 보통 커버레터의 상단에 위치하며 말 그대로 지원자 개인의 정보를 작성하는 곳으로 이름, 주소, 연락처, E-mail 주소를 기재합니다. 요즘은 이외에도 링크드인Linkedin이나 페이스북Facebook 등의 SNS 주소를 명시해 채용 담당자들이 SNS에 올린 글들을 확인하고 이를 채용에 반영하기도 합니다.

예시

Robert Lee(Young min, Lee)

109 Yangjaecheon-ro, Seocho-gu ● Seoul, Republic of Korea ● 82-01-000-00000 ● abc@naver.com

2 인사말Salutation

인사말에는 주로 회사에 지원하게 된 동기, 회사에 대한 관심도를 표현합니다. 이 회사에 왜 지원하게 되었는지 명시하면 됩니다. 이때 수신인에 대한 정보를 간단히 작성하고 인사말을 작성해야 합니다.

예시

Mr. Kim
HR manager
YM Company
Gangnam Financial Center, 1F
Seoul, Korea

Dear Mr. Kim

3 본문 Body

다음은 커버레터의 실제 내용을 작성하는 본문입니다. 이처럼 직무 관련 경험을 중심으로 디테일하게 작성해야 합니다.

예시

YM Company is creative to solve the clients' problems. My career goal is to be a professional consultant, because I have a clear vision in B2B consulting field. I am also very interested in YM training and coaching programs which are useful for the trainees. I will contribute to the YM's growth and performance through my experiences and competencies.

I graduated from MMM University, where I majored in Journalism & Broadcasting. At that time I learned skill for speech, presentation and communication which helps me do this job. I was an intern at ABC consulting, local HR consulting firm for 6 months when I could learn how to propose and persuade the clients. After I saw this position is open, I decided to apply because I can do consulting projects successfully.

I have many strengths. Firstly I have good communication skill. When I have done many team projects, I usually do the leader's role. It's not easy to make a consensus of our team members' opinions and persuade them, but eventually I finish the project successfully by getting A grade. Secondly as I am a target oriented person, I made many cold calls to the clients so that I could achieve 50 million won sales during my internship. That performance proves that I am the person who must do what I planned.

I hope you to review my resume thoroughly and I really expect to meet you, thanking you for the opportunity in advance.

Best regards

Robert

4 맺음말Closing

맺음말은 커버레터 하단에 위치하며, 동봉된 이력서Resume를 읽어주길 희망하는 메시지와 함께 커버레터를 읽는 이에 대한 감사를 표시하면 됩니다.

예시

I hope you will review my resume thoroughly and I really expect to meet you, thank you for the opportunity.

Best regards

Robert

커버레터 구성 내용

인적 사항 (Personal Information)	• 이름, 연락처, 이메일 주소
인사말 (Salutation)	• '왜 이 회사에서 일하고 싶은지' 지원 동기 및 회사에 대한 관심 표현
본문 (Body)	• Resume 내용 중에서 강조하고자 하는 부분을 상세히 설명 • cover letter 중에서 가장 중요한 부분 • 지원자의 영어 표현력을 가늠할 수 있는 부분
맺음말 (Closing)	• cover letter를 읽는 이에게 감사 표시 • Resume를 읽어주는 것과 인터뷰를 기약하는 내용

서류전형 2. 이력서(Resume), 기본 형식을 따르라

레쥬메Resume는 프랑스어로 요약Summary이라는 의미를 갖고 있습니다. 즉, 개인의 이력을 한 장에 요약한 '영문 이력서'를 말합니다. 국내의 외국계 기업에 입사하기 위해서는 우선 국문, 영문 이력서가 필요하고 회사에 따라 국문만 필요한 경우도 있습니다. 이력서는 개인의 신상 정보를 담는 것으로, 국문보다 영문이 더 다양한 형태로 구성된 경우가 많습니다.

이력서는 각각의 양식에 따라 구성요소가 다를 수 있는데 기본적으로 이력서를 구성하는 항목에는 크게 여덟 가지가 있습니다. 우선 개인 정보를 담고 있는 인적 사항Personal Data or Information, 지원 직무나 포지션에 대해 언급하는 목적Objective, 기본 학업에 대해 명시하는 학력Education or Educational Background, 급여를 받고 일을 한 경력사항을 적는 경력Work Experience, 동아리나 취미, 봉사활동을 나타내는 소속Affiliation, 외국어 등의 언어 능력이나 자격증 등을 정리하는 언어와 스킬Language & Skills or Certificate, 나에 대한 평판을 평가할 수 있는 위치에 있는 사람들을 쓰는 추천Reference, 그리고 추가적으로 어필할 필요가 있는 기타 사항Other Information 등으로 구성됩니다.

1 인적 사항Personal data

인적 사항은 취업에 필요한 개인 정보를 담는 부분입니다. 일반적으로 이력서 상단에 위치하고 있으며 개인 정보인 이름, 생년월일, 주소, 연락처, 이메일, 블로그 또는 SNS 계정 등을 작성합니다.

- **이력서 상단에 위치, 인적 사항, 개인 정보**
- **이름, 주소, 연락처, E-mail 주소 기입**
- **추가적으로 블로그나 SNS(Facebook, Linkedin 등) 주소**

2 목적 Objective

목적 부분에서는 직무별 지원 목적에 대해 작성하는데, 직무에 지원하는 의도와 직무 특성이 드러나는 내용을 작성하는 것이 가장 중요합니다. 즉, 희망 직무를 지원하는 이유에 대해 작성하면 됩니다. 당연히 지원하는 직무별로 내용이 달라져야 하며, 다른 지원자와 구별할 수 있도록 만들어야 합니다.

- ▶ **이력서의 목적을 설명하는 항목, 희망 직무**
- ▶ **여러 분야의 지원자를 한꺼번에 모집 시 꼭 기입할 항목**
- ▶ **지원하는 직무별로 내용이 달라져야 하는 부분**

Sales 직무 지원자의 Objective 예시

To obtain a challenging position as a Retail Sales Associate that would utilize my skills in your company.

3 학력 Education

학력을 기재하는 칸에는 출신 고등학교나 대학교부터 작성하는 것이 좋으며, 오래된 것부터 작성하는 것이 일반적입니다. 초등학교나 중학교처럼 너무 어릴 때의 학업은 보통 작성하지 않습니다. 만약 교환학생이나 어학연수 프로그램 경험이 있으면 시간의 흐름에 맞춰 순서대로 작성하거나 가장 밑에 작성하는 방식이 있습니다. 학력을 적을 때에는 표현의 형태를 동일하게 작성하는 것이 좋습니다. 예를 들어 처음에 학교, 전공, 소재지, 졸업 연도로 작성했다면 다른 학력에 대해서도 동일한 형태로 작성해야 합니다.

▶ 고등학교나 대학교 이상의 학력 기재

▶ 학교명, 전공, 학위, 소재지, 졸업 연도 기재(순서는 무관)

▶ 어학연수나 교환학생 경험도 포함

▶ 동일한 형태로 작성할 것

예시

- Japan College, Politics, bachelor's degree, Tokyo Japan, 1998.-2000.
- China University, Mass Communication, bachelor's degree, Beijing China, 2000.–2014.
- Korea University, Business Administration, master's degree, Seoul Korea, 2010.–2012.

4 경력 Work Experience

경력은 학력을 적는 방법과 달리 최근 것부터 작성해야 합니다. 기입하는 순서는 상관없지만 마지막까지 동일한 형태로 작성해야 합니다. 예를 들어 직장명, 부서명, 직무, 직급(직책), 소재지, 근무기간 순서로 작성했다면 나머지도 같은 순서로 작성하는 것이 좋습니다. 또한 몸담았던 회사를 잘 모를 수도 있으니 간략하게 산업 분야, 매출, 인원 등을 명시해주는 것도 좋은 방법입니다.

▶ 최근 경력부터 순서대로 나열

▶ 직장 소재지, 부서명을 반드시 기재

▶ 수행 업무와 실적은 회사별로 정리

▶ 수행 업무는 '성과' 중심으로 작성하고 수치화시키면 Best!

▶ 동일한 형태로 작성할 것(동일한 시제 표현)

예시

Experience

- **Jan.2013. – Present, YM Group, HR Team, Associate(Seoul, Korea)**

YM is No.1 HR consulting firm in Asia, 40,000 employees, 10 Billion$(2015)

5 소속/단체 Affiliation

소속/단체에는 동아리, 취미, 봉사활동 등 다양한 활동을 작성해야 합니다.

▶ 직무 경험 이외의 사항 기재

▶ 동아리, 봉사활동, 어학연수 등 Activities라고 표현하기도 함

예시

ACTIVITIES

- Percussion, motor city brass band 2007.-present
- Present, tau beta sigma honorary music organization, 2003.-2004.
- Web team member, msu american advertising federation (aaf), 2003.-2004.
- President, student govemment council, 1999.-2000.
- Musical theater brigadoon, grease, the wiz and west side story, 1997.-2000.
- Persussion & homline, msu spartan marching band, 2000.-2004.

6 언어 & 스킬Language & Skills

언어와 스킬 부분에서는 자신이 내세울 수 있는 자격증이나 외국어 능력 등을 어필해야 합니다. 외국어 능력은 기본 어학 능력인 말하기, 듣기, 쓰기, 읽기로 구분하기도 하는데 상중하로 표시되는 경우가 많습니다. 추가적으로 커뮤니케이션 능력이 뛰어남을 강조할 필요가 있습니다.

- ▶ **어학 능력, 자격증**
- ▶ **지원 직무와 연관되는 것만 기재**
- ▶ **불필요한 정보가 있는지 확인**

"저는 토익 성적이 별로 좋지 않은데 이력서에 명시해야 하나요?"

공인영어 성적이 좋지 않은데 점수를 꼭 명시해야 하는지 궁금해하는 분들이 많은데 점수를 꼭 기재하라고 명시되어 있지 않다면 공인영어 성적을 적을 필요는 없습니다. 특히 점수가 낮을 경우 더더욱 적을 필요가 없습니다. 대부분의 외국계 기업들은 영어 성적보다 영어 회화 실력이 어느 정도인지를 더 중요하게 생각합니다. 점수가 낮아 걱정이라면 작성하지 않는 것을 추천합니다.

7 추천Reference

신입의 경우에는 추천인을 요구하는 기업이 많지 않지만, 경력직의 경우에는 상당히 많은 곳에서 요구를 합니다. 임의적으로 같이 일했던 상사, 동료 등 2~3명의 연락처를 기입하도록 하기도 합니다. 직장생활에서 평판은 굉장히 중요하기 때문에 잘 관리해야 합니다.

▶ 지원자에 대한 평판 조회(Reference Check)를 위해 추천인 기입

▶ 평판 조회를 해도 된다는 암묵적 허락

▶ 바로 Reference를 체크할 수 있도록 연락처를 기재하기도 함

예시

References

XXXXXX Joh, East Asia head of PR & Communications, (company), (email)

XXXXXX Na, PR Manager, (company), (email)

Mr. XXXXXX, Professor of the Department of English Literature, XXXXXX University, (email)

8 기타 Other Information

추가로 어필하고 싶은데 누락된 정보가 있다면 표기하는 부분입니다.

이력서Resume 작성시 주의해야 할 사항은 세 가지입니다. 먼저 경력이 아주 많은 경우가 아니라면 되도록 한 페이지로 요약하는 것이 좋습니다. 그다음 가능한 핵심만 한눈에 들어올 수 있도록 작성하고, 보통 사진을 붙이지 않습니다. 끝으로 반드시 회사 고유의 양식에 맞춰 작성하시기 바랍니다.

이력서 구성 내용

인적 사항 (Personal Data)	• 상단에 위치 • 인적 사항, 개인 정보
목적 (Objective)	• 레쥬메 목적을 설명하는 항목, 희망 직무 • 여러 분야의 지원자를 한꺼번에 모집 시 꼭 기입할 항목
학력 (Education)	• 고등학교나 대학교 이상의 학력 기재 • 학위, 전공, 학교명, 소재지, 졸업 연도 기재
경력 (Work Experience)	• 경력사항을 최근 순서대로 나열 • 직책은 반드시 Full Name으로 기재 • 직장 소재지 반드시 기재 • 수행 업무와 실적은 1~2줄 이내로 정리
소속 (Affiliation)	• 업무 외적 사항 기재 • 동아리, 봉사활동, 어학연수 등
언어 & 스킬 (Language & Skills)	• 어학 능력, 커뮤니케이션 스킬 등 • 지원 직무와 연관되는 것만 기재
추천 (Reference)	• 지원자에 대한 평판 조회Reference Check를 해도 된다는 암묵적 허락

Resume는 한 장에!

국내 기업 이력서에 해당 학력, 경력 등을 작성

▼

중요도 고려하여 **1장**으로
지원 직무에 적합한 서식으로 정리!

핵심만 한눈에!

가장 부각시키고 싶은 것이 핵심이 아니다!

▼

지원 **직무** 특성을 고려하여
가장 관련이 높은 이력을 우선순위로 작성!

사진 부착은 금물!

외국계 기업에서 사진은 편견 유도, 실례

▼

입사 서류에 **사진 부착** ×

서류전형 3.
자기소개서, 나의 강점을 어필할 절호의 기회다

외국계 기업의 경우 국문, 영문 자기소개서 모두 제출하라는 곳이 많기 때문에 둘 다 준비를 하고 있어야 합니다. 이력서에는 실제 정보만을 기재하므로 자기소개서에서 자신을 드러낼 수 있도록 작성해야 합니다.

영문 자기소개서는 국내 기업들의 입사지원서처럼 형태나 항목들을 규정하고 있지 않습니다. 그러므로 우선 국문 자기소개서를 작성하고, 그중 자신을 더욱 어필할 수 있는 부분을 몇 개만 취사 선택해서 영어로 바꾸어주면 작성하기가 더 쉽습니다. 회사마다 다르지만 보통 자기소개서를 구성하는 항목으로 성장 배경, 지원 동기, 강/약점, 입사 후 포부, 기억에 남는 경험 등 다섯 가지가 있습니다.

그렇다면 이제부터 국문 자기소개서 작성 방법을 알아보도록 하겠습니다. 그동안 수많은 사람들의 자기소개서를 분석한 결과를 바탕으로 가장 효과적인 방법을 소개해드리겠습니다.

1 성장 배경(자기소개)

성장 배경은 면접을 볼 때 자기소개로 대체할 수 있습니다. 특별한 것이 없다면 고등학교 졸업 이후부터 스토리텔링 방식으로 작성하고, 경력직의 경우 대학교 졸업 후 회사생활을 중심으로 작성하면 됩니다. 회사생활에 대해서는 어떤 업무를 했는지를 중심으로 작성해야 합니다. 자기소개는 나에 대한 이야기입니다. 성장 배경에서 인사담당자들이 알고 싶은 것은 전공을 선택한 이유, 대학교에서 무엇을 배웠는지, 지원한 직무를 알게 된 계기 등 세 가지입니다.

1) 전공 선택 이유

이 전공을 왜 선택하게 되었는지 설명하고 해당 전공에서 관심을 갖고 들었던 과목을 2~3가지 정도 언급하며 어떤 과목이 좋아서, 무엇이 되고 싶어서 해당 전공을 택했는지에 대해 작성해야 합니다.

2) 직무를 알게 된 계기

그 직무에 관심을 갖게 된 이유를 설명하며 직무를 알게 된 계기를 교수, 선배, 수업, 세미나, 강연, 인터넷, 커뮤니티, 동아리, 봉사활동 중 선택해 작성해야 합니다.

3) 직무 관련 활동

직무를 잘하기 위해 했던 다양한 내/외부 경험을 키워드 위주로 간단히 작성하고 직접적인 관련이 없는 경험, 활동이라 하더라도 나중에 사례를 발굴하는 데 도움이 될 수 있기 때문에 직무 관련 활동 부분에서는 학교생활이나 외부에서 했던 다양한 활동들을 모두 작성해야 합니다.

성장 과정은 하나의 사건Event이 아니라 흐름 형식으로 작성해야 합니다. 아래 스토리를 참고하여 직무 관련 활동들을 떠올려보시기 바랍니다.

나의 스토리

출처: ㈜와이엠컨설팅

2 지원 동기

지원 동기에는 두 가지가 있습니다. 바로 회사와 직무의 지원 동기입니다. 일반적으로 많은 지원자들이 회사에 대한 지원 동기만을 작성하는데, 직무에 대한 관심이나 색깔이 나타나지 않으면 채용되지 않는 치열한 경쟁 환경 속에 살고 있습니다. 개인적으로는 직무 지원 동기가 더 중요하다고 생각합니다. 지원 동기를 효과적으로 작성하는 방법은 다음과 같습니다.

"당신의 회사는 제가 지원하고자 하는 직무와 관련된 OO 등을 통해 마케팅을 잘하고 있습니다. 저는 그 직무에 비전을 가지고 있고 누구보다 잘할 자신이 있습니다. 귀사에서 마케팅 전문가로서 회사의 성장과 성과에 기여하고자 지원하게 되었습니다."

지원 동기를 통해 '이 회사/직무에 왜 적합한 인재인지' 보여줄 수가 있습니다. 그렇기 때문에 자신이 지원하는 직무와 연계해서 작성하는 것이 가장 효과적입니다. 지원 동기라고 해서 회사에 대한 이야기나 경험만 나열하거나 '너무 하고 싶다', '잘 맞을 것 같아 지원했다' 등의 상투적인 멘트는 사용하지 않도록 주의하시길 바랍니다.

3 장단점

성격상의 장단점을 작성하라고 명시되어 있지 않다면 직무 역량을 작성하는 것이 좋습니다. 앞에서 채용공고에 나오는 직무 관련 역량을 도출하고, 내가 갖고 있는 강점과 연결시켜 작성하는 것이 중요합니다. 강점이 자기소개서에서 가장 중요한데, 그 이유는 강점이야말로 누구보다 해당 직무를 잘할 수 있다는 것을 나타내며 다른 지원자와 차별화할 수 있는 부분이기 때문입니다. 따라서 다른 부분보다 구체적으로 작성해야 합니다.

지원 직무를 잘하기 위해 필요한 핵심 직무 관련 강점이나 역량으로 무엇이 있는지 3~4가지를 고민해서 키워드 중심으로 작성해보시길 바랍니다. 강점은 자신이 지원한 직무와 연결해서 부각시키는 것이 중요합니다. 도출한 강점들을 뒷받침할 만한 실제 경험이나 사례들을 들어주는 것도 좋습니다. 예를 들어 마케팅 직무에 지원한 경우 분석력이 뛰어나다는 것을 내세웠다면 실제 뛰어난 분석력을 발휘했던 사례들을 제시해주어야 합니다. 각 강점마다 실제 사례를 반드시 언급해줘야 합니다.

단/약점의 경우에는 해당 직무와 무관한 것을 작성하는 것이 좋습니다. 또 치명적인 단점은 작성하지 않는 것이 좋습니다. 예를 들어 영업직에 지원하면서 처음 사람을 만나면 낯을 가린다고 해 '해당 직무를 정말 잘해낼 수 있을까' 하는 의심을 갖도록 만들어서는 안 됩니다. 직무에 필요한 장점을 부각시키고, 단점은 반드시 개선 중이라고 설명하며 단점에 대한 보완 방안을 제시해야 합니다.

4 입사 후 포부

입사 후 포부에 대해서는 자세하게 작성하기가 쉽지 않습니다. 왜냐하면 입사 후 어떤 업무를 담당하게 될지 명확하게 알지 못하기 때문입니다. 이는 고등학생에게 대학교 4년의 계획을 세워보라고 하는 것과 비슷하기 때문에 너무 자세하게 작성할 필요는 없습니다. 회사에서 수립하는 경영 계획처럼 입사 후 3년, 5년, 10년을 나눠서 기재할 것을 추천합니다. '3년 내 실무자로서 능력을 인정받을 수 있도록 하고, 5년 내 중간관리자로서 어떻게 하겠다, 그리고 마지막으로 10년 내 팀의 리더로서 팀을 어떻게 이끌겠다' 정도로만 작성해도 무방합니다.

입사 후 포부는 '왜 적합한 인재인지' 구체적인 계획을 바탕으로 보여줘야 하는 문항입니다.

- ▶ **장기 목표를 작성한 후 그 목표를 수행하기 위한 계획 작성**
- ▶ **막연한 표현보다 구체적인 초기, 중기, 장기 계획을 보여줘라!(1년 뒤, 5년 뒤, 10년 뒤)**

▶ 직무에 대한 명확한 이해가 필요한 항목

▶ 개인과 조직의 동반 성장 강조

5 경험

자기소개서에서 묻는 경험은 크게 성공한 경험, 실패한 경험, 기억에 남는 경험, 어려웠던 경험 등입니다. 중요한 것은 어떤 경험을 했는가가 아니라 그 경험을 통해 어떤 교훈을 얻었는가 하는 것입니다. 경험을 통해 무엇을 배웠고, 지원 직무에 어떻게 활용할지까지 언급하면 더 좋습니다.

경험을 작성할 때에는 논리 정연하게 '무엇을WHAT', '어떻게HOW' 했는지 서술하는 것이 좋습니다. 왜WHY 성공/실패 경험으로 꼽았는지 설명하고, 직무와 연관해 배운 점을 명확히 언급해주면 더 좋습니다. 그래서SO WHAT 지원 직무에서 배운 점을 어떻게 활용할지도 언급해주시기 바랍니다.

▶ 경험은 꼭 교훈과 연결시켜서 작성

▶ 경험을 통해 어떤 교훈을 얻었고, 회사에 입사하면 어떤 영향을 줄 것인지 작성

▶ 경험은 누가 보더라도 기억에 남을 만한 일이어야 함

▶ 경력직의 경우 정말 어려웠던 일을 해결했거나 극복했던 경험이나 성과 위주로 작성

결국 자기소개서는 나에 대한 소개와 지원 직무를 잘할 수 있다고 어필하는 것이라고 생각하시면 되겠습니다.

면접전형 1.
이제 직무 면접이 대세다

요즘은 기업들마다 동영상 제작 및 업로드 등 다양한 방식을 통해 이력서, 자기소개서 등의 서류 전형을 대체하고 있습니다. 이력서, 자기소개서 등 서류 전형도 중요하지만 그보다는 면접 전형이 점점 더 중요해지고 있습니다. 면접을 통해 제출한 서류의 진실 여부를 확인할 수 있을 뿐만 아니라 업무에 필요한 기본적인 커뮤니케이션 능력 또한 확인할 수 있기 때문입니다.

면접 전형은 크게 두 가지로 구분할 수 있습니다. 바로 인성 면접과 직무 면접이며, 일반 면접(면대면, 화상), PT 면접, 토론 면접, 영어 면접 등의 방식이 있습니다. 면접 프로세스는 구글과 같이 여러 단계의 채용 프로세스를 거치는 기업들도 있지만, 일반적으로 3단계 이내로 진행되고 있습니다.

면접 프로세스

서류전형 후 1차 면접	서류전형 후 2차 면접	서류전형 후 3차 면접
AIG생명	델파이코리아	골드만삭스
OTIS 엘리베이터	루이비통코리아	르노삼성자동차
나이키스포츠	볼보그룹코리아	미스비씨은행
버버리코리아	쌤소나이트코리아	유한킴벌리
샤프전자	아디다스코리아	이베이코리아
스탠다드차타드은행(텔러)	알리안츠생명	코스트코코리아
이케아코리아	한국암웨이	한국네슬레
필립스전자	올림푸스한국	한국피엔지
한국아이비엠	하얏트호텔	홈플러스
한국존슨앤드존슨	한국씨티은행	
한국하니웰	한국지멘스	
한국화이자제약	한국쓰리엠	
할리데이비슨		

위의 표처럼 실제 국내 100대 외국계 기업 중 1, 2차 면접까지만 보는 기업도 많습니다. 또 면접 전형은 직급에 따라 프로세스가 더 짧아지거나 길어지기도 합니다.

요즘은 인성 면접과 직무 면접의 구분이 모호해지고 있습니다. 커뮤니케이션이나 프레젠테이션 역량이 점차 중요해지다 보니 신입 채용에 한하여 PT 면접을 도입하는 기업도 많아지고 있습니다. 상대적으로 경력직은 PT나 토론 면접을 하지 않습니다.

1 인성 면접

인성 면접은 후보자의 가치관, 인생관, 성격, 태도 등을 파악하기 위해 실시하는 면접입니다. 회사마다 다르지만 외국계 기업의 경우 인사팀에서 진행하는 경우가 많습니다.

인성 면접에 자주 나오는 질문들

- 간단한 자기소개 부탁드립니다.
  - 신입은 학교나 관련 경험 위주, 경력직은 대학 졸업 후 업무 경험과 성과 위주로 답변
- 학교에서는 무엇을 배우셨나요?
- 왜 우리 회사에 지원하게 되셨나요?/회사(브랜드, 제품, 서비스)에 대해 어떻게 생각하나요?
- 왜 외국계 기업에 지원하셨나요?
- 본인이 살아오면서 가장 힘들었던 경험은 무엇인가요?(성공, 실패, 도전, 기억에 남는 경험)
- 본인의 강점/약점은 무엇인가요?
- 여기서 주로 무엇을 하셨나요(파트타임, 인턴 등)?
- 본인은 어떤 사람이라 생각하나요?/인생의 비전은 무엇인가요?
- 인생에서 가장 중요하게 생각하는 것(가치)은 무엇인가요?
- 의견이 다른 사람들을 어떤 방식으로 설득하나요?/어떤 사람들과 잘 맞지 않는 것 같나요?
- 상사와 의견이 다를 시 어떻게 해결하실 건가요?
- 업무 강도가 높고 야근이 있을 수도 있는데 이에 대해 어떻게 생각하나요?
- 매장에 방문한 적이 있다면, 느낀 점은 무엇인가요?/무엇을 개선하면 좋을까요?
- 자신의 비전에 대해 설명해보세요./자신의 인생그래프를 그려보고 설명해보세요.
- 본인이 다른 사람에 비해 이 직무를 잘할 수 있다고 생각하는 이유가 뭔가요?
- 당신은 팀워크가 좋은 편인가요? 학창 시절 가장 성공적인 협업 사례를 설명해보세요.
- 현재 지원한 직무와 다른 직무에 합격해도 다닐 의향이 있나요?
- 부모님을 제외한 존경하는 인물은 누구인가요?
- 취미는 무엇인가요?/어떤 운동을 좋아하나요?
- 자기 개발을 위해 어떤 일을 하고 있나요?

인성 면접은 지원자가 해당 회사/직무에 합당한 지적 수준과 성향을 가졌는지 여부를 판별하기 위한 목적으로 실시하며 자기소개서 내용에 대한 세부 질문, 일반 상식, 상황 판단 관련 질문 등 내/외적 요건을 종합 평가하는 면접입니다. 창의성이나 논리적 사고능력을 평가하기 위해 정답이 없는 질문을 하기도 합니다. 인성 면접의 경우 태도, 가치관, 배경지식, 특정 주제에 대한 성향, 자기소개서 내용 검증, 업계 동향 등을 인터뷰(질문)을 통해 검증합니다.

2 직무 면접

직무 면접은 지원한 직무를 얼마나 이해하고 있는지 직무 경험이나 직무에 대한 이해도를 평가하기 위해 진행되는 면접으로 해당 직무와 관련해 세부적인 지식을 요하는 내용들이 주로 나옵니다. 앞으로의 면접 형태는 직무 중심의 면접으로 바뀌어갈 전망입니다.

직무 면접은 PT 면접, 토론 면접, 직무 심층 면접, 일반 면접 등 다양한 형태로 진행됩니다. 그리고 직무 면접의 평가 항목은 회사마다, 직무마다 다릅니다. 왜냐하면 해당 직무를 잘하기 위한 직무 역량이 회사의 산업, 특성, 비전, 미션에 따라 달라지기 때문입니다.

1) PT 면접

요즘 PT 면접으로 이루어지는 경우가 점차 많아지고 있는 추세입니다. 신입의 경우 외국계 기업에서도 PT 면접을 많이 활용해 인재를 채용하고 있습니다. PT를 통한 직무 면접에서는 배경지식의 정확성, 이해력, 결론의 타당성, 발표력, 창의성, 문제 분석 및 해결 능력 등을 평가합니다. 같은 주제라도 직무별로 평가요소는 달라질 수 있습니다. 예를 들어 영업직은 설득력과 의사소통 능력을 보고, 관리직은 신뢰성과 창의성, 그리고 R&D연구개발은 분석력을 더 중요하게 평가하기도 합니다.

PT 면접의 경우 발표를 하는 태도에도 신경을 써야 합니다. 우선 서 있는 자세, 표정, 목소리 등 발표 태도에 유의하고 부적절한 용어 사용을 주의하고 비논리적인 무리한 주장은 하지 않는 것이 좋습니다. PT 내용에는 반드시 자신의 생각이 담겨 있어야 하며 [도입]-[전개]-[결말]의 흐름을 갖고 말하는 것이 효과적입니다.

PT는 평소에 많은 연습이 필요합니다. 다양한 주제로 평소 거울을 보며 연습하고, 가능하다면 보완점을 개선하기 위해 PT 모습을 녹화 또는 녹음해서 반드시 확인하는 것이 좋습니다.

PT 면접의 주제는 미리 사전에 정해주는 경우도 있고, 그 자리에서 제시하거나 선택하는 형태로 진행되는 경우도 있습니다. 주제는 회사의 가치체계(비전, 미션, 핵심가치 등)에 맞춰서 후보자를 소개하는 것부터 회사가 실제 당면한 과제(경쟁사, 차별성, 개선점)나 중요하게 생각하는 가상의 문제를 제시해서 해결방안을 도출하는 형태로 다양하게 제시되고 있습니다. PT 면접은 제시된 주제를 생각해서 방안을 찾는 방법과 제시된 자료를 읽어보고 그에 대해 정리하는 방법 등 다양합니다. 스포츠의류 브랜드인 아디다스Adidas의 경우에는 회사의 핵심가치와 나를 연결해 발표하도록 PT 사전 과제를 내주기도 합니다.

2) 영어 면접

외국계 기업이라고 하면 무조건 영어 면접을 많이 볼 것이라고 생각하지만 알고 보면 대부분 국어 면접을 봅니다. 영어 면접을 안 보는 곳도 많고, 보더라도 아주 기본적인 질문만 하는 경우가 많습니다. 오히려 국내 대기업의 영어 면접이 외국계 기업보다 훨씬 더 난이도가 높다는 것을 아는 사람은 별로 없을 것입니다.

영어 면접에 자주 나오는 질문들

- 자기소개를 영어로 부탁합니다.(Could you introduce yourself?)
- 전공이 무엇이었나요?(What did you major in? / What is your major?)
- 전공을 선택한 이유는 무엇인가요?(Why did you choose this major?)
- 전공에서 무엇을 배웠나요?(What did you learn from your major?)
- 대외활동은 무엇을 하셨나요?(Please tell me your extra activities in your school day?)
- 당신의 강/약점은 무엇인가요?(What are your strengths and weakness?)
- 우리 회사에 지원한 동기는 무엇인가요?(Why did you apply for this company?/what made you decide to apply for this company?)
- 당신을 채용해야 하는 이유는 무엇인가요?(Why should we hire you rather than another candidate?)
- 입사하게 된다면 어떤 부서에서 일을 하고 싶으신가요?(If you enter this company, what department do you like to work in?)
- 우리 회사에서 어떤 경력 계획을 가지고 있나요?(What is your career plan in this company?)

면접전형 2.
면접 시 4가지만 주의하라

1. 질문 내용을 외우려고 하지 마라(암기x)

다양한 주제로 자신의 생각을 이야기하는 연습을 많이 하시길 바랍니다. 미처 생각하지 못했던 주제나 질문들도 나올 수 있기 때문에 다양한 주제로 많이 연습해보는 방법밖에 없습니다.

2. 이야기를 하듯 자기소개서 내용을 바탕으로 면접을 봐라(경험)

면접은 자신의 스토리를 지인들에게 이야기하듯이 자연스럽게 이루어져야 합니다. 따라서 자기소개서의 내용을 반드시 말로 표현해보는 연습을 해보시길 바랍니다. 머릿속으로 아는 것과 말로 해보는 것은 전혀 다르기 때문입니다.

3. Keyword의 효과(두괄식 답변)

면접관의 기억에 인상을 남기려는 노력이 필요합니다. 그러기 위해서는 단순하고 임팩트가 있어야겠죠. 항상 두괄식으로 정리해서 말하는 연습을 해야 합니다. 답부터 이야기하고 왜 그렇게 생각하는지 이유를 설명하는 것이 효과적입니다.

4. 끝까지 열심히 하는 태도를 보여라

표정은 밝게 하며, 목소리는 자신감 있게 내도록 노력해야 합니다. 어려운 질문이 나와도 끝까지 최선을 다하는 모습을 보여주면 합격할 수 있습니다. 영어 면접 시 영어를 잘하는지 보기도 하지만 못하는 영어라도 포기하지 않고 끝까지 해내는지 눈여겨보며 문제 해결 능력을 파악하는 것도 평가 항목임을 잊지 말아야겠습니다.

추가적으로 일부 외국계 기업의 경우 해당 직무에 대한 필기 시험이나 엑셀 과제를 내주기도 합니다. 예를 들면 회계 직무에 지원하는 경력직의 경우 필기 테스트를 반드시 통과해야 면접을 볼 수 있도록 프로세스를 정해놓고 있습니다. 기본적인 직무 내용을 정해진 시간 내에 시험지에 풀거나 엑셀 등 프로그램을 활용해 답을 도출해낼 수 있는지 확인하는 것입니다.

면접을 통과하면 마지막으로 평판 조회Reference Check 단계를 거치게 됩니다. 외국계 기업들은 오래전부터 평판 조회를 체계적으로 실시하고 있으며, 요즘은 국내 대기업들도 많이 실시하고 있습니다. 신입보다 경력직의 경우 평판 조회를 많이 실시합니다. 요즘은 별도의 평판 조회 전문회사들도 있고, 서치펌에 맡기기도 합니다. 상사, 동료, 부하 등을 정해서 평판 조회 할 사람을 정해주는 곳도 있고, 무작위로 회사 내 동료나 상사 몇 명을 평판 조회 하는 경우도 있습니다.

다시 한 번 정리하자면 신입의 경우 나에 대한 이해를 바탕으로 직무를 결정하고 직무에 맞춰 국문, 영문 이력서와 자기소개서를 작성해야 합니다. 우선 국문 자기소개서를 작성하고 그중 몇 가지 항목만을 선택해 영문으로 바꾸는 것이 효과적입니다. 서류가 완성되면 자기소개서 내용을 바탕으로 기본 질문들을 한국말과 영어로 계속 연습해봅시다. 경력직의 경우에는 이전 회사에 근무하는 동안 했던 업무를 구체적으로 작성하고, 성과 중심으로 정리하도록 합시다. 자신에게 잘 맞는 외국계 기업에 적극적으로 도전해서 만족도 높은 회사생활을 하시기 바랍니다.

FOREIGN AFFILIATED

PART 3

진짜 다녀본 사람만 아는 외국계 기업의 비밀

외국계 기업에서의 근무 경험을 가지고 있는 지인 열여섯 분께 인터뷰 요청을 드린 결과 정성껏 솔직하게 작성을 해주셨습니다. 대부분 국내 기업 경험도 가지고 계신 분들로 구성을 해보았습니다. 귀한 시간을 내서 인터뷰에 응해주신 분들께 진심으로 감사드립니다.

자유롭고 합리적인 문화가 여성 인재를 키운다

김선아
현) 카코뉴에너지 재무팀 사원

Q 어떤 회사에서 어떤 직무를 담당하고 있나요?

A 2014년, 신재생에너지 태양광인버터 회사인 카코뉴에너지에 입사하여 약 3년 간 재무팀에서 자금, 회계, 재무 등을 다양하게 담당하고 있습니다. 카코뉴에너지는 독일 KACO new energy GmbH의 자회사로 한국에 독립적인 연구소와 생산공장을 보유하고 있고, 태양광 집전파에서 직류 형태로 저장된 발전 전력을 교류로 변환시켜 실생활에서 사용할 수 있는 전기 형태로 바꿔주는 인버터를 만드는 전문 업체입니다.

Q 외국계 기업은 국내 기업에 비해 어떤 장단점이 있는 것 같은가요?

A 외국계 기업에 처음 취업하여 근무하고 있어 다른 국내 기업과 실질적인 경험으로 느끼는 장단점을 말할 수는 없지만, 가장 큰 장점은 자유롭고 합리적인 기업 문화인 것 같습니다. 국내 기업들에 비해 회사 분위기가 유연하여 여성 직장인들의 비율이 높은 것 같습니다. 또한 다양한 복지제도 지원도 외국계 기업으로 이직을 선호하는 이유인 것 같습니다.

외국계 기업이다 보니 본사와의 커뮤니케이션이 원활하지 못할 경우 신속하지 못한 의사결정으로 업무 효율을 저하시킬 수 있다는 단점이 있는 것 같습니다. 또한 업무 분위기가 개인적이라 자신이 맡은 업무와 관련되지 않으면 보통 신경 쓰지 않아 자신이 벌인 일에 끝까지 책임을 져야 한다는 부담감이 있을 수 있습니다.

Q 외국계 기업으로 취업 또는 이직한 이유는 무엇인가요?

A 아무래도 외국계 기업의 큰 장점인 자유로운 기업문화 때문에 취업을 했습니다. 취직해보니 보수적이고 딱딱한 분위기가 아니어서 자유로운 연차 사용과 추가적인 휴가 지원으로 여성들에 대한 배려가 많아 출산이나 육아에 대한 걱정도 적은 것 같습니다. 또한 직원 중심의 다양한 복지제도 지원도 외국계 기업으로 취업을 준비한 큰 이유 중 하나입니다.

Q 외국계 기업으로 취업/이직을 하려는 사람들이 참고할 만한 간단한 Tip이 있다면?

A 국내 대기업과 달리 외국계 기업은 공개채용보다 정규직 빈자리가 생겼을 때 수시로 채용하는 경우가 많아 미리 국문과 영문 이력서를 준비해놓는 것이 좋습니다. 기업이 인사팀을 통해 직접 채용하는 경우도 있지만, 헤드헌터를 통해 직무에 적합한 인재를 채용하는 경우가 많기 때문에 전투태세로 준비해놓는 것이 좋을 것 같습니다.

Q 면접은 어떤 프로세스로 진행되었나요?

A 빈자리가 생겼을 때 수시채용을 하는 경우가 많아 서류접수 후 보통 1~2일 내에 서류 합격 발표와 같이 면접 일정이 정해졌습니다. 면접은 한국인이 면접관으

로 들어와 처음부터 끝까지 영어로 대답해야 하지 않았지만, 직무에 관한 답변은 영어로 진행되었습니다. 1차 면접 후 바로 2차 면접 일정이 잡혔고, 합격자 발표 후 입사까지 2주 정도밖에 소요되지 않았습니다.

Q 외국계 기업에서 근무하려면 영어를 원어민 수준처럼 잘해야 하는지 궁금합니다.

A 외국계 기업이라고 해서 꼭 영어로만 일하는 것은 아닙니다. 회사 내에서 어떤 팀에 있고, 어떤 역할과 책임을 지느냐에 따라 달라지는 것 같습니다. 일을 같이 하는 거래처 직원들 중에는 한국인이 많기 때문에 영어를 쓸 일이 많지 않을 수도 있습니다. 하지만 서류를 만드는 일이나 메일로 커뮤니케이션을 하는 경우는 많기 때문에 영어에 대한 기본 능력이 있어야 합니다. 관리직으로 올라갈수록 본사와의 커뮤니케이션 빈도수도 높아져 원활한 영어 구사력이 중요해질 수 있습니다.

Q 외국계 기업으로 취업, 이직을 희망하시는 분들께 외국계 기업을 추천하시겠습니까? 그 이유는?

A 자유로운 분위기에서 일할 수 있는 외국계 기업으로의 취업 또는 이직을 희망하시는 분들께 추천하겠습니다. 자유롭게 직무를 수행하며 성장 기회 가능성이 많고, 유연한 기업문화로 일과 생활의 균형을 실현할 수 있을 것 같습니다. 또한 여성의 경우 승진에 대한 차별이 없어 발전할 수 있는 기회가 많을 것 같습니다.

Q 외국계 기업에서 근무할 때 가장 중요한 역량 3가지를 꼽는다면?

A 근무하는 데 있어서 관련 분야의 경험이 제일 중요한 역량인 것 같습니다. 정규직 빈자리가 생겼을 때 수시채용을 해 바로 실무에 투입되어야 하는 경우가 많습니다. 또 어학 성적보다는 영어 구사력이 중요합니다. Native 영어 실력은 아니더

라도 업무를 하는 데 있어 원활한 영어 커뮤니케이션 능력은 필요한 역량일 것입니다. 마지막으로 편한 분위기 속에서 일할 수 있는 Outgoing사교적인 면이 필요하지 않을까 생각합니다.

Q 취업, 이직을 준비하는 분들에게 한마디 해주신다면?

A 우선 외국계 회사에 대한 환상을 갖지 말라는 말씀을 드리고 싶습니다. 외국계 기업이라도 한국 현지화로 기업 분위기가 기존의 국내 기업과 다르지 않은 곳들도 있다고 합니다. 자신의 Career 철학을 바탕으로 취업 또는 이직을 준비해야 할 것입니다. 전공 분야 또는 관심 분야에 있는 외국계 기업에 지원하여 취업 또는 이직을 하는 것이 좋을 것 같습니다. 인지도는 다소 부족하지만 강소 외국계 기업들도 많습니다. 인지도에 연연하지 말고 여러 외국계 기업에 지원하면 좋은 결과가 있을 거라 생각합니다.

Q 현재 또는 최종 직급은 무엇인가요?

A 현재 입사 3년 차 사원입니다. 앞으로 많은 경험을 통해 다양한 상황에 직면해 발전하는 직원이 되도록 노력할 것입니다.

영어 실력, 원어민 수준이 아니어도 상관없다

김현석
현) 크노르브레이크(Knorr-Bremse) 영업관리 사원

Q 어떤 회사에서 어떤 직무를 담당하고 있나요?

A 제가 다니는 회사는 크노르브레이크Knorr-Bremse라는 회사이고, 1905년 독일 뮌헨에서 설립되었습니다. 국가 기간산업인 철도시장에서 제동시스템을 공급하고 있으며, 제가 하고 있는 일은 영업관리입니다.

Q 외국계 기업은 국내 기업에 비해 어떤 장단점이 있는 것 같은가요?

A 장단점은 제 경험상 명확합니다. 장점은 영어를 편하게 사용할 수 있다면 직급의 제한을 넘어 더 많은 역할을 하고, 그에 따른 좋은 경험을 해볼 수 있다는 것입니다. 커리어에 욕심이 있다면 대기업에서 초반에 복사와 눈치로 시간을 보내는 것보다 훨씬 좋다고 생각합니다. 단점은 대기업보다는 연봉이 적다는 것인데, 야근이 없기 때문에 시간 대비 임금으로는 나쁘지 않은 편이라고 생각합니다.

Q 외국계 기업으로 취업 또는 이직한 이유는 무엇인가요?

A 저는 미국에서 대학교를 나와서 전반기 공채를 준비했었고, 하반기 공채를 대

비하려고 하던 중에 유학생이라는 단순한 이유로 지원을 했었습니다.

Q 외국계 기업으로 취업/이직을 하려는 사람들이 참고할 만한 간단한 Tip이 있다면?

A 앞에서 말씀드린 바와 같이 일을 단기간에 많이 경험해보고 내 것으로 만들고 싶다면, 그리고 연봉이 인생의 전부가 아니라면 외국계 기업이 잘 맞을 거라고 생각합니다. 글로벌 기업이기 때문에 회사의 안전성 부분은 대기업보다 더 안정적이라고 생각합니다.

Q 면접은 어떤 프로세스로 진행되었나요?

A HR, 저희 부서 부장님과 1차 면접을 혼자 봤고, 2차 면접은 HR, 부장님, 사장님과 다른 최종 후보자와 같이 봤습니다. 2차 면접은 독일 사장님이 있었기 때문에 영어로 봤습니다.

Q 외국계 기업에서 근무하려면 영어를 원어민 수준처럼 잘해야 하는지 궁금합니다.

A 저희 회사에도 이런 고민을 하면서 아직 다니는 분들이 계시는데 결론부터 말하면 절대 아닙니다. 영어를 편하게 사용하면 됩니다. 이 말이 추상적으로 느껴지겠지만, 외국계는 글로벌 기업입니다. 다른 지사와 연락을 주고받을 일이 많은데 그들도 대부분 영어가 모국어가 아닙니다. 제 경험상 미국인과 영어를 하는 것과는 많이 다르고 상대적으로 쉽습니다. 영어로 말하고 써서 의사소통을 할 수 있다면 그것으로 충분합니다.

Q 외국계 기업으로 취업, 이직을 희망하시는 분들께 외국계 기업을 추천하시겠

습니까? 그 이유는?

A 직무에 대한 욕심, 회사의 안전성, 그리고 대기업과 다른 효율적인 업무 행태, 일과 삶의 밸런스, 이런 것들을 생각한다면 외국계 기업이 딱 맞습니다. 단, 금전적 보상이 매우 중요하다면 추천하지 않습니다.

Q 외국계 기업에서 근무할 때 가장 중요한 역량 3가지를 꼽는다면?

A 융화력, 적극성, 언어소통 능력

Q 취업, 이직을 준비하는 분들에게 한마디 해주신다면?

A 영어는 제가 말한 것과 같이 의사소통이 가능하다면, 여기에 자신감만 있으면 충분합니다. 유학생을 제외하고 영어를 매우 유창하게 하기는 힘듭니다. 그것을 모두 알고 이해하기 때문에 본인의 기본 실력에 자신감만 있으면 충분하다는 것을 다시 한 번 이야기해주고 싶습니다.

개인의 삶과 일이 균형을 이루는 최적의 조건

박성훈
현) 미쉐린코리아 영업관리 대리

Q **어떤 회사에서 어떤 직무를 담당하고 있나요?**

A 미쉐린코리아는 타이어를 판매하는 글로벌 기업으로서 제가 하는 업무는 판매채널을 개발하고 관리하는 일입니다. 타이어 판매는 파트너 딜러들과 계약을 체결하여 제품공급을 하는 타이어 전문점, 코스트코와 같은 대형 할인매장, 자동차 정비를 전문으로 하는 스피드메이트와 같은 정비소, 인터넷 등 다양한 루트를 갖고 있습니다. 이를 판매채널이라 일컬으며, 이를 개발하고 관리하는 업무를 2년 했습니다. 이와 더불어 현장에서 실질적으로 매입을 유도하고 매장에 대한 관리, 고객에 대한 서비스 등 전반적인 업무를 하는 영업관리를 2년 했습니다.

Q **외국계 기업은 국내 기업에 비해 어떤 장단점이 있는 것 같은가요?**

A 외국계 기업은 국내 기업보나 Work & life Balancc를 관리하기 좋습니다. 휴가를 자유롭게 쓸 수 있으며, 정해진 업무시간을 회사에서 유도하여 개인적인 삶과 회사 업무를 같이 잘 관리할 수 있도록 합니다. 단점으로는 전반적인 관리는 프랑스, 아시아 지부는 태국 본사에서 관리를 하다 보니 한국 시장에서의 전략적인 마

케팅이나 업무 효율성 등이 맞지 않아 업무에 대한 제약이 존재합니다.

Q 외국계 기업으로 취업 또는 이직한 이유는 무엇인가요?

A 꼭 외국계 기업이어야 하지는 않았으며, 요즘같이 취업이 어려울 때에는 여러 가지 취업 루트를 고려해야 하기 때문에 노력을 하다 보니 입사하게 되었습니다.

Q 외국계 기업으로 취업/이직을 하려는 사람들이 참고할 만한 간단한 Tip이 있다면?

A 외국계 기업은 신입보다는 경력직을 선호로 하는 경향이 있으며, 기본적인 영어 능력은 갖추고 있어야 합니다. 원어민 수준이 아닌 의사소통에 불편함이 없는 수준이면 됩니다. 이와 더불어 긍정적인 마인드와 적극적인 자세를 보이는 지원자들에게 더 많은 기회가 주어지는 것 같습니다.

Q 면접은 어떤 프로세스로 진행되었나요?

A 1차 자기소개서 - 2차 인사담당자 면접 - 3차 해당 직무 Manager & 대표(필요에 따라 영어 면접)

Q 외국계 기업에서 근무하려면 영어를 원어민 수준처럼 잘해야 하는지 궁금합니다.

A 앞에서 말한 바와 같이 의사소통이 되는 수준이면 되며, 유창하게 잘한다면 플러스 요인이 될 수 있지만 원어민 수준까지는 요구하지 않습니다.

Q 외국계 기업으로 취업, 이직을 희망하시는 분들께 외국계 기업을 추천하시겠습니까? 그 이유는?

A 추천합니다. 개인적인 삶과 업무에 있어서 균형을 유지할 수 있기 때문입니다. 또한 국내 기업 특유의 수직적인 조직구조가 아닌 수평적인 조직구조가 업무의 효율성을 높이며, 업무에 대한 만족도를 높이는 요인이기도 합니다.

Q 외국계 기업에서 근무할 때 가장 중요한 역량 3가지를 꼽는다면?

A 업무 파악 능력, 문제 해결 능력, 복수업무 관리 능력(다양한 업무를 겸하는 경우가 많음)

Q 취업, 이직을 준비하는 분들에게 한마디 해주신다면?

A 외국계 기업이라고 해서 꼭 영어에 대한 부분에 부담을 가질 필요는 없습니다. 업무에 따라 영어를 거의 사용하지 않는 분야도 있으니, 이런 부분들을 잘 파악하시고 지원하면 도움이 될 것 같습니다. 현재 그 업무의 종사자나 퇴사자 등을 알고 있다면 좋은 tip을 많이 얻을 수 있을 것 같습니다.

개방된 업무 분위기가 영감을 준다

이선경
현) 마이크로소프트(Microsoft) SMS&P 부서 Inside Sales Executive(대리)
전) 구글코리아(Google Korea) 플레이스토어팀 Complaints manager(대리)

Q 어떤 회사에서 어떤 직무를 담당하고 있나요?

A 2012년, 구글코리아 플레이스토어팀에서 complaints 매니저로 일했습니다. 플레이스토어에서 어플리케이션을 이용하는 유저에게 문제가 생기면 내부 팀에 관련 이슈를 전달하거나 시스템 상에서 직접 처리하는 역할을 했습니다. 현재는 마이크로소프트 SMS&P 부서에서 Inside Sales 업무를 하고 있습니다. Inside Sales는 이메일, 전화를 이용하여 고객과 컨택, 관계를 쌓고 영업 기회를 창출하는 일로, 저는 중소기업 약 200개의 고객사를 맡아 관리하고 있습니다.

구글과 마이크로소프트는 IT기업 특유의 자유로움, 개방성, 역동성이 넘치는 회사입니다. 탁구, 게임 등을 실제 업무 시간에 할 수 있을 정도로 자유로우며, 오픈 공간이 주는 개방된 업무 분위기가 항상 영감을 줍니다. 구글의 뷔페식 아침과 점심, 마이크로소프트의 탁 트인 야경은 제 인생에 가장 큰 선물이라고 생각합니다.

Q 외국계 기업은 국내 기업에 비해 어떤 장단점이 있는 것 같은가요?

A 업무의 폭이 넓고, 좀 더 큰 그림에서 전체를 보며 일할 수 있다는 것이 장점입

니다. 자신이 얼마나 주인의식을 가지는가에 따라 역량을 발휘할 수 있는 기회가 많습니다. 업무와 관련한 자유로운 토론과 아이디어를 내고 실현할 수 있는 분위기도 장점이라고 생각합니다.

Q 외국계 기업으로 취업 또는 이직한 이유는 무엇인가요?

A 사실 저는 외국계 기업에만 집중하여 취업 준비를 하지는 않았습니다. 다만 MBA 졸업생으로 영어로 의사소통이 가능하다는 점과 MBA 졸업 직후 스타트업 인큐베이팅 회사에서 일하며 좀 더 개방되고 자유로운 업무 환경에 익숙하다는 점이 자연스럽게 저를 외국계 IT회사로 이끈 것 같습니다.

Q 외국계 기업으로 취업/이직을 하려는 사람들이 참고할 만한 간단한 Tip이 있다면?

A 주인의식과 책임감, 즉 자신의 업무를 주도적으로 해나가는 역량을 잘 어필하면 좋겠습니다. 또한 지원하는 직무에 필요한 핵심역량이 무엇인지 파악하고, 자신이 그 능력을 갖고 있다는 것을 잘 설득해야 합니다. 상투적인 말이지만, 정해진 답이 아니라 자신만의 답을 자신의 언어로 자신 있게 표현할 수 있는 사람이 유리한 것 같습니다.

Q 면접은 어떤 프로세스로 진행되었나요?

A 구글은 1, 2차 면접을 한국에 있는 실무자와 하고, 3차 면접은 싱가포르에 있는 팀 매니저와 진행했습니다. Complaints Manager라는 일이 감정적인 스트레스가 많은 업무라 끈기와 인성적인 부분을 많이 질문했던 것으로 기억합니다. 마이크로소프트는 제 사수이신 매니저님과 팀 리더이신 이사님, 상무님과 면접을 진행

했습니다. 창업을 하여 3년 동안 운영했던 끈기와 세일즈에 대해 배우고자 하는 의지를 높게 평가해주셨고, 이곳에서 무엇을 배우고자 하는지 정확하게 어필했던 것도 합격에 도움이 됐습니다.

Q 외국계 기업에서 근무하려면 영어를 원어민 수준처럼 잘해야 하는지 궁금합니다.

A 원어민 수준까지는 아니지만, 의사소통에는 무리가 없는 것이 유리하다고 생각합니다. 면접에서뿐 아니라 실제 업무를 하는 동안에도 영어를 쓸 일이 꽤 많습니다. 본사에서 오는 이메일뿐 아니라 시스템 이슈로 메일을 쓸 때, 세일즈 교육을 받을 때에도 영어로 진행을 합니다.

Q 외국계 기업으로 취업, 이직을 희망하시는 분들께 외국계 기업을 추천하시겠습니까? 그 이유는?

A 강력 추천합니다. 자기 개발 측면에서 외국계 회사에서 일하며 얻는 것이 많습니다. 글로벌 경험을 갖춘 인재들과 함께 소통하며, 업무에 있어서 여러 경험을 할 수 있다는 것, 업무를 스마트하게 하기 위해 끊임없이 연구하고 노력해야 한다는 것이 좋습니다.

Q 외국계 기업에서 근무할 때 가장 중요한 역량 3가지를 꼽는다면?

A 첫 번째는 주인의식입니다. 주어진 업무를 수동적으로 하는 것이 아니라 업무 성과를 내기 위해 능동적으로 연구하고 노력하는 업무 태도가 필요합니다. 두 번째는 커뮤니케이션 능력입니다. 고객, 파트너, 내부 동료와 투명하게 소통하고 그들의 관점에서 이해하고, 그들을 설득하는 능력이 중요합니다. 마지막으로는 많은 업무에 지치지 않고 자신의 내면을 최고의 상태로 만들어 업무 역량을 발휘하는 내

면 관리 능력이 필요하다고 생각합니다.

Q 취업, 이직을 준비하는 분들에게 한마디 해주신다면?

A 자신감을 가지고 당당하게 부딪치되, 자신에 대해 생각하고 정리하는 시간도 꼭 가지셨으면 좋겠습니다. 저는 마이크로소프트에 입사하기 전에 제 이력서의 학력, 경력을 보고 제가 그곳을 선택한 이유와 그곳에서 배운 것, 느낀 점, 그를 통해 내가 어떤 사람이고, 앞으로 어떤 방향으로 나아갈 것인가에 대해 혼자 성찰하는 시간을 가졌습니다. 이 시간이 실제 면접에서 저에 대해 저의 언어로 표현하는 것에 아주 큰 영향을 미쳤고, 그것에 간절함이 더해져 좋은 결과를 얻었다고 생각합니다. 불안해하지 않고, 큰 방향을 잃지 않고 꾸준히 나아간다면 자신에게 가장 좋은 회사에 합격하게 될 것입니다.

일도 열심히, 놀 때도 열심히 하라

차준호
현) 아카딘코리아(Arkadin Korea) Business Development Executive(대리)
전) 오피스디포코리아(Office Depot Korea) 세일즈 담당
전) 대웅제약, 현대카드, IT큐브트리 영업 담당

Q 어떤 회사에서 어떤 직무를 담당하고 있나요?

A 아카딘코리아는 프랑스에 본사를 두고 있는, 글로벌 컨퍼런스 솔루션 전문기업입니다. 저는 세일즈팀에 속하여 기업 대상으로 영업을 하고 있습니다.

Q 외국계 기업은 국내 기업에 비해 어떤 장단점이 있는 것 같은가요?

A 영어를 마음대로 구사할 수 있는 기회가 가장 큰 장점이라고 생각합니다. 그리고 영업팀을 제외하고 해외 지사에서 순환 근무가 가능합니다. 특히 마케팅/IT팀에 계시는 분들이 싱가포르로 많이 가십니다. 그만큼 영어와 본인의 스킬이 뛰어나다면 해외 지사에 지원할 수 있습니다. 단점으로는 각자 맡은 파트의 업무만 하는 분들이 많아서 소통이 일반 기업들보다는 어렵습니다.

Q 외국계 기업으로 취업 또는 이직한 이유는 무엇인가요?

A 다양한 세일즈 경험을 통해 이직을 하게 된다면 딱 두 가지만 생각하자는 마음이었습니다. 그건 바로 'SW솔루션 영업'과 '외국계 기업'이었습니다. 이 두 가지에

대한 충분한 경험이 없었음에도 불구하고 도전해서 현재 만족스럽게 회사생활을 하고 있습니다.

Q 외국계 기업으로 취업/이직을 하려는 사람들이 참고할 만한 간단한 Tip이 있다면?

A 꼭 영어를 잘할 필요는 없습니다. 의사소통만 할 줄 안다면 어디든 지원하세요. 그리고 실패의 원인을 찾다 보면 본인이 원하는 기업에 들어갈 수 있습니다. 경력직이라면 꼭 헤드헌터를 이용하세요. 본인이 알고 있는 업종보다도 훨씬 다양하고 좋은 정보를 공유해줄 것입니다. 그렇다고 헤드헌터만 전적으로 믿지는 말고 추가적으로 본인 스스로 추천 받은 회사의 정보를 파악해야 합니다.

Q 면접은 어떤 프로세스로 진행되었나요?

A 총 네 번의 면접(영어 면접 포함)으로 이루어졌습니다.

Q 외국계 기업에서 근무하려면 영어를 원어민 수준처럼 잘해야 하는지 궁금합니다.

A 아닙니다. 저 또한 의사소통만 할 줄 아는 정도입니다. 하지만 입사 후 매일 새벽반 학원을 다니며 영어 공부를 하고 있습니다.

Q 외국계 기업으로 취업, 이직을 희망하시는 분들께 외국계 기업을 추천하시겠습니까? 그 이유는?

A 성향의 문제라고 생각합니다. 정말 자유롭게 본인의 업무를 즐기면서 놀 때 확실히 놀 수 있는 저희 회사는 다양한 사내 놀이시스템이 구축되어 있습니다. 일도 열심히, 놀 때도 열심히 즐길 줄 아는 분들이라면 꼭 추천드립니다.

Q 외국계 기업에서 근무할 때 가장 중요한 역량 3가지를 꼽는다면?

A 직무 역량, 소통, 영어

Q 취업, 이직을 준비하는 분들에게 한마디 해주신다면?

A 외국계 기업에 들어가고 싶다고 영어에 올인 하지는 마세요. 본인이 원하는 업무가 정확하게 어떤 프로세스로 진행되는지 이해하고, 그와 관련한 능력을 향상시키는 것이 우선이라고 생각합니다. 영어는 배우면 되지만, 업무 스킬은 쉽게 배울 수 없다고 생각합니다.

언어 이외에 어필할 수 있는 부분을 준비하라

양휴종
전) 딜로이트(Deloitte) 인사팀 채용, 보상 담당 대리

Q 어떤 회사에서 어떤 직무를 담당했었나요?

A 딜로이트에서 약 4년 동안 근무했으며 채용, 보상, ER Employee Relation, 인력운영계획 Work force planning 역할을 담당했었습니다.

Q 외국계 기업은 국내 기업에 비해 어떤 장단점이 있는 것 같은가요?

A 장점으로는 능력에 따라서 업무의 기회가 많습니다. 국내 대기업은 체계적으로, 계단식으로 직무를 배우고 업그레이드해가는 것에 비해 외국계 기업은 능력에 따라 짧은 경력에도 프로젝트 PM이나 중요한 직무를 담당할 수 있는 기회가 상대적으로 많다고 생각합니다.

단점으로는 일반적으로 대기업에 비해 할 수 있는 직무 범위가 좁고 체계적으로 교육, 육성해주는 부분은 부족하다고 생각합니다. 외국계 기업의 경우 스페셜리스트로 선발해 한 가지 직무를 계속하는 경우가 상대적으로 많고, 직무 순환이 잘 안 되거나 능력이 없으면 해고되거나 높은 레벨의 직무 기회가 적어질 수 있습니다.

Q 외국계 기업으로 취업 또는 이직한 이유는 무엇인가요?

A 개인적으로 외국계 기업에 다니는 선배나 외국 친구들이 다른 나라 사람들과 업무를 하고, 다른 나라에서 일하는 모습들을 보며 글로벌하게 업무를 해보고 싶어서 외국계 기업에 취직을 했습니다.

Q 외국계 기업으로 취업/이직을 하려는 사람들이 참고할 만한 간단한 Tip이 있다면?

A 목표를 명확히 할 필요가 있습니다. 단순히 외국계 기업으로의 취업이 아니라 외국계 기업의 어떤 부서에, 어떤 산업에, 어떤 회사에 취직을 할 것인지 목표를 명확히 세워서 준비를 해야 합니다. 외국계 기업의 경우 상대적으로 언어 능력이 뛰어나거나 외국에서 학교를 나온 사람이 많으므로 언어 이외에 자신이 어필할 수 있는 부분을 준비해야 합니다. 업무에 대한 준비, 회사에 대한 관심, 자격증, 인턴이나 대외활동 등 실제로 회사가 요구하는 부분들을 준비하는 것이 중요하다고 생각합니다.

Q 면접은 어떤 프로세스로 진행되나요?

A 실무자, 매니저 면접과 임원 면접으로 구성되며, 영어 면접을 따로 하는 경우도 있고 면접 중에 영어 면접을 진행하는 경우도 있습니다. 본사 재무와 연결된 외국계 기업의 경우 대부분 AP매니저들과 전화나 화상으로 면접을 진행합니다. 간혹 프로젝트가 있을 때에는 직접 방문해서 대면 면접을 하는 경우도 있습니다.

Q 외국계 기업에서 근무하려면 영어를 원어민 수준처럼 잘해야 하는지 궁금합니다.

A 외국계 기업도 다양한 형태와 구조를 가지고 있어서 자신이 맡고 있는 직무나 역할에 따라 영어 필요 능력이 상이합니다. 예를 들어 본사의 재무 부서와 연결

되지 않고 분리된 구조의 회사라면 대부분의 경우 외국에서 예산이나 채용 인원에 대해 승인이 필요치 않으므로 월, 분기, 반기, 연, 프로젝트 필요에 따른 리포트 정도만 정리할 줄 알면 됩니다. 이럴 경우에는 주로 Writing에 대한 능력이 많이 필요하고, 기본적인 회화 능력과 업무를 진행할 정도의 수준이면 충분하다고 생각합니다. 반면 외국과 재무적으로 연결된 회사, 대표나 임원 분이 외국인인 경우에는 영어를 필요로 하는 수준이 높을 수밖에 없습니다. 국내뿐만 아니라 수시로 AP(아시아 총괄)나 본사에서 요구하는 보고, 회의가 많기 때문입니다.

직무적으로 글로벌 이동 근무를 담당하는 경우에는 어떤 형태의 외국계 기업이든 빈번하게 AP나 해외 지사와의 커뮤니케이션이 필요하므로 높은 수준의 의사소통 능력을 요구하며, 이런 포지션의 경우에는 외국에서 학교를 나온 친구들을 채용하거나 원어민과 근접한 수준의 영어 능력을 구사하는 인원을 채용하기도 합니다.

Q 외국계 기업으로 취업, 이직을 희망하시는 분들께 외국계 기업을 추천하시겠습니까? 그 이유는?

A 외국계 기업도 장단점이 있다고 생각하기 때문에 본인의 능력과 성향에 맞는다고 하면 지원을 추천하는 편입니다.

Q 외국계 기업에서 근무할 때 가장 중요한 역량 3가지를 꼽는다면?

A 언어 능력(영어 및 해당 모기업의 언어), 실무 능력, ERP나 MS와 같은 소프트웨어 사용 능력과 문서 작성 능력

Q 취업, 이직을 준비하는 분들에게 한마디 해주신다면?

A 건승하시길 바랍니다.

외국의 문화와 한국의 문화가 공존한다

박미진
전) 모토로라솔루션(Motorola Solution) HR팀 과장
전) 댄포스(Danfoss) HR&Admin Coordinator
전) 아디다스그룹(Adidas Group) Specialist, Talent Acquisition
전) 로제타스톤코리아(Rosettastone Korea) 인사팀/인재개발팀 대리

Q 어떤 회사에서 어떤 직무를 담당했나요?

A 저는 모토로라솔루션Motorola Solution 등 다양한 외국계 기업의 인사팀에서 인사관리 업무와 교육 업무를 담당했습니다. 마지막으로 근무했던 모토로라솔루션Motorola Solution은 해외에 본사를 두고, 한국에서 한국 소비자를 상대로 제품 세일즈 및 서비스를 담당하는 외투기업외국투자기업이었습니다.

Q 외국계 기업은 국내 기업에 비해 어떤 장단점이 있는 것 같은가요?

A 제가 봤을 때 외국계 기업은 무엇보다 성장 가능성이 높다는 점에서 장점이 있습니다. 업무 평가에 따라 다양한 분야를 경험할 수 있음은 물론이고, 자기 개발과 성장의 기회를 누릴 수 있습니다. 자유롭고 공평한 사내 분위기에서 자발적으로 의견을 낼 수 있고, 개방된 환경에서 의사소통이 가능하며 직원의 다양성과 개성이 존중됩니다. 국내에 국한되지 않고 해외에서의 경험을 쌓을 수 있는 것도 장점이라고 생각합니다. 반면 국내 대기업에 비해 업무 성과에 따른 변화가 심한 편이어서 직원들의 불안감이 클 수가 있습니다. 그리고 신입보다는 업무 경험이 있는 경

력자를 더 선호해 신입 인력은 채용 수가 많지 않은 경향이 있습니다. 이런 점이 외국계 기업의 단점이라고 볼 수 있습니다.

Q 외국계 기업으로 취업 또는 이직한 이유는 무엇인가요?

A 저는 개인적으로 수직적이고 딱딱한 국내 기업보다는 자유로운 분위기의 외국계 기업을 선호했습니다. 그래서 대학교를 졸업하고 외국계 기업에 입사하게 되었습니다.

Q 외국계 기업으로 취업/이직을 하려는 사람들이 참고할 만한 간단한 Tip이 있다면?

A 외국계 기업이 국내 기업과 많이 다를 것으로 생각하는 분들이 있는데, 외국계 회사를 해외에서 일하는 것으로 기대하시면 안 된다고 생각합니다. 어차피 직원의 다수는 한국인들이고, 해외 또는 다국적 기업의 시스템과 틀에서 한국 문화를 조율하는 것이 외국계 기업의 문화이기 때문에 국내 기업과 완전히 다를 것이라는 환상을 가지고 있다면 다시 생각해보아야 합니다. 요즘은 한국 기업 중에도 자유롭고 열린 기업이 점차 많아지고 있기 때문에 외국계 기업만이 정답은 아닐 수 있습니다. 어떤 기업이든 기업문화와 지원자가 조화롭게 어우러질 수 있는지, 그리고 필요한 능력과 잠재력을 갖추었는지, 신의 성실한 사람인지를 평가할 것입니다. 외국계 기업이라고 해서 국내 기업과 완전히 다른 기준을 갖고 있는 것은 아니라는 뜻입니다.

경력을 쌓고자 하는 업무의 분야가 명확하고 전문성을 가지고 있다면 외국계 회사에서 더 많은 것을 얻을 수 있을 것입니다. 예를 들어 해외에서 쌓은 경험 또한 경쟁력이 될 수 있으니 신입이라도 경력직 같은 대우를 받을 수도 있습니다. 그리고 몇 번 입사가 안 되더라도 포기하지 말고 지속적으로 입사 지원을 하는 노력이 필요합니다. 또한 입사 후에는 사내 행사 등 인사팀과 가까이 지내려 노력하며 네트워킹을 쌓는 것도 경력에 도움이 될 수 있습니다.

Q 면접은 어떤 프로세스로 진행되었나요?

A 최종 회사의 서류 접수 - 1차 전화 면접 - 2차 인사 면접 및 인·적성 검사 - 3차 실무팀 면접 후 건강검진을 하고 나서 최종 입사가 확정되었습니다.

Q 외국계 기업에서 근무하려면 영어를 원어민 수준처럼 잘해야 하는지 궁금합니다.

A 각 회사와 지원하는 직무의 요구 역량에 따라 필요로 하는 언어 실력은 다르지만, 대체로 읽고 쓰는 정도의 기본적인 언어 능력은 요구된다고 생각합니다. 원어민 정도의 실력이 아닐지라도 영어와 같이 프랑스어나 독일어 등 제2외국어를 할 수 있다면 가산점을 받는 외국계 기업도 있고, 언어를 잘하면 분명 더 많은 기회를 얻을 수 있다고 생각합니다.

Q 외국계 기업으로 취업, 이직을 희망하시는 분들께 외국계 기업을 추천하시겠습니까? 그 이유는?

A 외국계 기업이라고 해서 너무 큰 환상을 갖지는 않았으면 좋겠습니다. 국내 기업들도 장점이 많기 때문에 외국계 기업만을 막연히 추천하지는 않습니다. 국내의 외국계 기업에서는 한국 사람들이 일을 많이 하고 있으므로 또 다른 한국 사회라고 볼 수 있습니다. 외국계 기업은 외국의 문화와 한국의 문화가 둘 다 공존한다고 생각하면 좋을 것 같습니다. 그래서 한국 문화에 대한 기본적인 적응 능력도 필요하다고 생각합니다.

독립적이고 능동적인 업무 수행이 적성에 잘 맞거나 성과 위주의 분위기가 괜찮으신 분, 변화에 잘 적응하고 스트레스를 잘 관리하시는 분, 일과 개인 생활의 균형을 중요하게 생각하여 주어진 업무시간 안에 업무 조율을 능숙하게 하시는 분, 세대나 문화, 국적을 초월하여 커뮤니케이션에 능하신 분 등은 외국계 회사에 잘 적응할 수 있을 것으로 생각합니다.

Q 외국계 기업에서 근무할 때 가장 중요한 역량 3가지를 꼽는다면?

A 스트레스를 조율하는 유연성, 언어를 포함한 현지화 능력, 그리고 멀티플레이어로서의 역량이 필요하다고 생각합니다. 외국계 기업의 경우 인원이 상대적으로 많지 않기 때문에 혼자서 담당하는 업무의 범위가 넓고 책임이 큽니다. 그리고 개인주의적인 성격이 강해 주도적으로 일을 해야 하는데 이럴 때 스스로 스트레스를 관리할 수 있는 능력이 필요합니다. 언어 능력도 중요하지만 해외의 제품, 서비스를 국내 시장에 맞춰 개선할 수 있는 현지화 능력이 필요하며, 마지막으로 앞서 언급했던 것처럼 한 사람이 여러 업무를 담당하기도 하기 때문에 상황에 따라 멀티플레이어의 능력이 요구되기도 합니다.

Q 취업, 이직을 준비하는 분들에게 한마디 해주신다면?

A 무엇보다 자신을 이해하는 자아성찰이 필요하다고 생각합니다. 자신이 어떤 직무에 적합한지, 어떤 문화에 맞는지, 어떤 커리어를 쌓고 싶은지 알지 못하면 경력 계획은 실패하기 쉽습니다. 한자리에 오래 머무르다 보면 나이와 직급에 적절한 역량을 쌓을 기회를 놓칠 수 있습니다. 먼 미래를 보시고 이직 전략을 잘 짜신다면 더욱 폭넓은 시야를 키울 수 있을 것입니다.

취업을 준비하는 신입에게는 신중하라고 말하고 싶습니다. 당장 눈앞의 조건이나 브랜드만 쫓아가다 보면 신입 시기에 키워야 할 역량을 쌓지 못하고 맞지 않는 자리에서 시간만 낭비할 수 있습니다. 외국계 기업에서는 독립적으로 일하기 때문에 신입이라도 능동적으로 대처하지 않으면 회사의 상황에 휩쓸려 커리어를 망칠 수도 있습니다. 항상 다음 커리어를 염두에 두고 배우는 자세로 매사에 일희일비하지 않기를 바랍니다.

제너럴리스트가 아닌 스페셜리스트가 되어라

서재민

현) 람정제주개발 채용팀, Recruiting manager(과장)
전) GE(General Electric) Korea 채용팀 채용 담당 과장
전) LS엠트론 채용 담당

Q 어떤 회사에서 어떤 직무를 담당하고 있나요?

A GE Korea에서 Talent Acquisition Partner, 채용 담당 업무를 하였으며 현재는 제주에 있는 '람정제주개발'이라는 대한민국 최대규모 복합리조트에서 Recruiting Manager, 채용 담당자로 근무를 하고 있습니다.

Q 외국계 기업은 국내 기업에 비해 어떤 장단점이 있는 것 같은가요?

A 장점으로는 보고를 위한 보고서(장표) 작성 업무가 매우 적으며, 군대식 문화가 아닌 수평적인 문화와 분위기를 가지고 있습니다. 회식 문화가 많지 않아서 술을 많이 먹지도 않습니다. 또한 다방면에 걸쳐서 많이 아는 제너럴리스트Generalist가 아니라 한 직무의 전문가Specialist를 선호하여 본인이 희망하는 직무에 대해 더 깊은 경험/교육이 가능합니다.

단점으로는 동료애나 정이 있는 문화보다는 성과나 목표 중심의, 어찌 보면 조금은 삭막한 분위기가 연출될 수 있으나 팀마다 차이점은 있습니다. 또한 2~3명이 해야 할 일을 혼자서 해야 하는 경우가 많아 업무가 많게 느껴질 수도 있습니다.

Q 외국계 기업으로 취업 또는 이직한 이유는 무엇인가요?

A Recruiter라는 보직은 채용 시스템/채용 프로세스/채용 관련 네트워크/채용 관련 교육 등이 아직 한국보다는 Global 회사에서 훨씬 더 발달되어 Global 채용과 관련해 전반적인 선진 Recruiting Process를 배우기 위해 외국계 기업으로 이직을 했습니다.

Q 외국계 기업으로 취업/이직을 하려는 사람들이 참고할 만한 간단한 Tip이 있다면?

A Generalist가 아닌 Specialist, 즉 현재 가지고 있는 경력을 바로 활용할 수 있는 채용 포지션들이 대부분이기 때문에 직무의 전문성을 키우기 위해 노력을 해야 할 것 같습니다. 또한 외국계 기업은 업무상 영어에 부담이 없어야 하기 때문에 영어 회화를 꾸준히 준비해야 합니다. 이직할 타이밍은 적어도 현 직장에서 현 업무를 3년 이상 했을 때이며, 5~9년 사이에 가장 높은 몸값으로 만족스럽게 이직을 할 수 있을 것 같습니다.

Q 면접은 어떤 프로세스로 진행되었나요?

A 1차 채용 담당자와의 전화스크린 인터뷰 - 2차 현업 부서 Leader들과의 인터뷰 - 3차 HR / 임원과의 인터뷰

Q 외국계 기업에서 근무하려면 영어를 원어민 수준처럼 잘해야 하는지 궁금합니다.

A 원어민처럼 잘하면 좋겠지만, 업무상 부담 없는 수준이면 충분합니다. 영어 성적에 빗대어 말씀드리자면 토익스피킹은 150점, 오픽은 IH 이상 수준이 적합해 보입니다. 향후 리더가 되기 위해서는 영어로 회의 진행, 논쟁과 설득을 해야 하기

때문에 리더가 될수록 영어 실력이 더 중요해집니다.

Q 외국계 기업으로 취업, 이직을 희망하시는 분들께 외국계 기업을 추천하시겠습니까? 그 이유는?

A 외국계 기업을 강하게 추천합니다. 자신의 전문성/Work & Life Balance/조금 더 매력적인 급여/복지, 본인이 원하는 전문성을 더 깊숙이 업무 하여 기여가 가능하며, 그쪽으로 커리어 개발을 할 수 있기 때문입니다. 또한 Global 임직원들과 소통/협업/배움을 통해 현재 하고 있는 직무의 Skills이 글로벌 표준이 될 수 있는 확률이 훨씬 높아지기 때문입니다. 또한 외국에서 근무할 수 있는 확률도 대기업의 주재원이 되는 비율보다 훨씬 높습니다.

Q 외국계 기업에서 근무할 때 가장 중요한 역량 3가지를 꼽는다면?

A 우선 영어 실력이 중요하다고 생각합니다. 그다음 중요한 것은 현재 담당하고 있는 직무에 대한 전문성이고, 마지막으로는 성과 지향적(목표 지향적) 인재가 되어야 합니다.

Q 취업, 이직을 준비하는 분들에게 한마디 해주신다면?

A 우선 영어 실력을 키우시길 바랍니다. 다음으로 직무 전문성을 키워야 합니다. 적어도 현재 직장/현재 업무를 3년 이상 완벽히 세 번의 사이클을 돈 후 이직을 시도해야 한다고 생각합니다. 예를 들면 3년에서 8년을 근무한다고 가정했을 때 가장 적합한 이직 시기는 5~8년이라고 생각합니다. 그리고 우물 안의 개구리가 되지 말고 글로벌에서 놀아야 합니다. 글로벌 인재가 되기 위한 노력이 필요합니다.

나만의 확실한 경쟁력이 기회를 만든다

윤지영
전) 로제타스톤코리아 인재개발팀 Training Manager(과장)
전) 파크하얏트서울 Guest Services Supervisor

Q 어떤 회사에서 어떤 직무를 담당했나요?

A 파크하얏트Park Hyatt서울에서는 Guest Services팀의 Supervisor를 담당했었고, 로제타스톤코리아 인재개발팀에서는 Training Manager를 맡아 직원들의 인재개발을 담당했습니다.

Q 외국계 기업은 국내 기업에 비해 어떤 장단점이 있는 것 같은가요?

A **장점:** 수평적인 조직문화, 자유로운 회사 분위기, 글로벌 인지도

단점: 본사와 지사 간의 gap, 글로벌 인지도에 비해 낮은 국내 인지도, 실적 및 상황에 따른 한국 내 사업 방향 및 변화 가능성 높음

Q 외국계 기업으로 취업 또는 이직한 이유는 무엇인가요?

A 여성에게 주어지는 평등한 기회와 자유로운 분위기 속에서 일하며, 개인적으로 영어를 계속 사용하는 환경에서 업무를 하기 원했기 때문에 외국계 기업으로 취업을 했습니다.

Q 외국계 기업으로 취업/이직을 하려는 사람들이 참고할 만한 간단한 Tip이 있다면?

A 기본적으로 업무를 수행하는 데 필요한 언어(영어+α)에 대해 준비하는 것과 여행이나 연수를 통해 외국 문화에 대한 이해도를 갖고 있다면 조금 더 도움이 될 것 같습니다.

Q 면접은 어떤 프로세스로 진행되었나요?

A 서류 전형-직무 능력 테스트-HR, 실무자, 임원진 인터뷰 순서로 진행했습니다.

Q 외국계 기업에서 근무하려면 영어를 원어민 수준처럼 잘해야 하는지 궁금합니다.

A 한국어를 모국어로 사용하는 모든 사람들에게 한국말을 잘한다고 표현하지는 않듯이 그 언어를 사용할 줄 아는 것과 조리 있게 잘 말하는 것은 다른 듯합니다. 말하고자 하는 포인트가 정확하고, 화려하게는 아닐지라도 영어로 본인의 생각을 설명할 수 있는 정도의 실력이라면 무리가 없을 듯합니다.

Q 외국계 기업으로 취업, 이직을 희망하시는 분들께 외국계 기업을 추천하시겠습니까? 그 이유는?

A 다양한 가능성과 발전할 수 있는 기회들이 많이 있기에 추천합니다.

Q 외국계 기업에서 근무할 때 가장 중요한 역량 3가지를 꼽는다면?

A 유연성Flexibility, 멀티테스킹Multitasking, 열정Passion

Q 취업, 이직을 준비하는 분들에게 한마디 해주신다면?

A 영어 실력이 조금 부족하더라도 본인만의 분야에서 확실한 경쟁력을 갖고 있다면 반드시 기회는 있다고 생각합니다. 자기 분야에서의 expert가 되기 위해 힘내시길 바랍니다. 또한 일하고 싶은 회사나 분야가 있다면 현재 그곳에서 근무하는 분과 인맥을 만들거나 정보를 얻으려고 노력하시면 조금 더 도움이 될 것 같네요.(보통 국내에 지사를 두고 있는 외국계 기업은 규모가 그리 크지 않은 편이라 채용 인원도 많지 않고, 내부에서 추천으로 진행되는 경우도 많기 때문입니다.)

다양한 문화를 이해하는 개방적인 마인드가 필요하다

변상기
현) 후지제록스 경영기획실 기획부 Finance Team Finance Manager(과장)

Q 어떤 회사에서 어떤 직무를 담당하고 있나요?

A 현재 후지제록스Fuji Xerox라는 회사의 경영기획실 기획부 내 Finance Team에서 재무를 담당하고 있습니다.

Q 외국계 기업은 국내 기업에 비해 어떤 장단점이 있는 것 같은가요?

A 외국계 기업은 국내 기업과 달리 유연한 근무제를 실시하고 있으며, 개인의 삶을 존중해 일과 삶의 균형Work & Life Balance을 중시해주는 문화를 가지고 있다는 것이 장점이라고 생각합니다.

Q 외국계 기업으로 취업 또는 이직한 이유는 무엇인가요?

A 제가 외국계 기업으로 취업을 한 이유도 마찬가지입니다. 일과 삶의 균형Work & Life Balance을 존중한다는 것과 해외 근무 경험Overseas work experience을 갖고 싶어서 외국계 기업으로 취업을 하게 되었습니다. 실제로 저 같은 경우 싱가포르 아시아 해외사업 본사에서 근무하기도 했습니다.

Q 외국계 기업으로 취업/이직을 하려는 사람들이 참고할 만한 간단한 Tip이 있다면?

A 외국계 기업에서 근무를 하려면 영어와 일본어 능력Language capability(English & Japanese)이 필요합니다. 우리 회사의 경우 일본의 후지필름과 미국의 제록스가 합작 설립한 다국적 기업이기 때문입니다. 또한 문화적 다양성을 위한 개방적인 마인드Open mind for cultural diversity를 가지고 있어야 합니다. 우리 회사의 경우에도 다양한 문화가 공존하는 조직문화를 가지고 있고, 다양한 국가에서 직원들이 근무하고 있기 때문입니다. 마지막으로는 직무 전문성이 필요하다고 생각합니다.

Q 면접은 어떤 프로세스로 진행되었나요?

A 1차 실무진 면접-2차 임원진 면접 순서로 진행되었습니다.

Q 외국계 기업에서 근무하려면 영어를 원어민 수준처럼 잘해야 하는지 궁금합니다.

A 상대방의 말을 이해하고 자신의 생각과 의견을 표현하고 일을 진척시키는 커뮤니케이션이 가능하다면 원어민과 같은 발음이나 완벽한 문장 구사는 중요치 않다고 생각합니다.

Q 외국계 기업으로 취업, 이직을 희망하시는 분들께 외국계 기업을 추천하시겠습니까? 그 이유는?

A 외국계 기업도 국가에 따라 문화가 많이 다릅니다. 또한 미국계 기업의 자회사라 할지라도 자회사의 태생이 국내 기업에서 출발했다면 기대와 사뭇 다를 수 있습니다. 기업에 대한 사전 Study가 필요합니다. 유연근무제, 수평적 커뮤니케이션, 성과/개인주의 등은 외국계 기업 하면 떠올릴 수 있는 보편적인 이미지로 외국

계 기업을 선택하기에 앞서 자신의 성향, 장점 등이 기업문화와 잘 맞고 실력을 발휘할 수 있을지 검토하는 것이 선행되어야 하겠습니다. 특히 외국계 기업은 영업 직군 외에는 1~2명을 그때그때 필요할 때마다 채용하고 당장 일을 시작해서 성과를 낼 수 있어야 하기 때문에 어학 능력, 관련 경험 및 직무 전문성을 갖추고 있어야 합니다.

Q 외국계 기업에서 근무할 때 가장 중요한 역량 3가지를 꼽는다면?

A 앞에서 언급한 것처럼 언어 역량, 오픈 마인드/협업, 그리고 직무 전문성이 필요하다고 생각합니다.

Q 취업, 이직을 준비하는 분들에게 한마디 해주신다면?

A 외국계 기업이나 국내 기업이나 모두 조직사회입니다. 조직문화에 자신의 장점/강점을 맞추고 개발해나가는 조직인이 되기를 바랍니다.

무늬만 외국계 기업은 아닌지 잘 살펴라

이종무
현) Emerson Autosolutions Sr. Financial Analyst(과장)
전) Rosetta stone Financial Analyst(과장)
전) AkzoNobel 관리회계 담당자(대리)

Q 어떤 회사에서 어떤 직무를 담당하고 있나요?

A 저는 현재 에머슨오토솔루션Emerson Autosolutions이라는 미국계 기업에서 재무를 담당하고 있습니다. 그전에는 미국계 기업인 로제타스톤코리아Rosetta stone Korea와 네덜란드 화학회사인 악조노벨AkzoNobel에서 관리회계 담당 대리로 근무를 했었습니다.

Q 외국계 기업은 국내 기업에 비해 어떤 장단점이 있는 것 같은가요?

A 우선 장점으로는 다양성을 인정하고 존중하는 문화와 자유로운 업무환경(수평적 구조/ flexible hour 등)을 통해 능력을 평가, 보상받을 수 있습니다. 반면 단점으로는 본사와의 커뮤니케이션 시차로 인해 의도치 않은 야근이 있으며, 업무 진행이 느려질 수도 있습니다.

Q 외국계 기업으로 취업 또는 이직한 이유는 무엇인가요?

A 저의 경우 좋은 복지환경과 능력에 따른 보상체계를 갖춘 것에 매력을 느껴 외

국계 기업으로 취업을 준비했고, 네덜란드 회사에서 사회생활을 시작하게 되었습니다.

Q 외국계 기업으로 취업/이직을 하려는 사람들이 참고할 만한 간단한 Tip이 있다면?

A 외국계 기업마다 조직구조나 문화가 본사와 다를 수 있습니다. 무늬만 외국계인 회사가 아닌 외국계 회사가 가진 장점이 업무환경에 그대로 적용되고 있는지 확인할 필요가 있습니다.

Q 면접은 어떤 프로세스로 진행되었나요?

A 먼저 실무진/인사팀 면접을 진행한 후 임원 면접을 보고, 대표이사 면접 후 최종적으로 아시아헤드쿼터Aisa Headquarter에서 면접을 진행했습니다.

Q 외국계 기업에서 근무하려면 영어를 원어민 수준처럼 잘해야 하는지 궁금합니다.

A 직무에 따라 차이가 있지만 국내 회사보다는 채용 시 기본적으로 영어 구사 능력을 요구하는 것 같습니다.

Q 외국계 기업으로 취업, 이직을 희망하시는 분들께 외국계 기업을 추천하시겠습니까? 그 이유는?

A 네, 회사마다 차이가 있겠지만 능력으로 평가를 받고 그에 따른 보상이 확실하기 때문에 추천을 할 것 같습니다.

Q 외국계 기업에서 근무할 때 가장 중요한 역량 3가지를 꼽는다면?

A 저는 기업문화에 대한 적응력, 인간관계, 언어 능력이 중요하다고 생각합니다.

Q 취업, 이직을 준비하는 분들에게 한마디 해주신다면?

A 외국계 기업이든 대기업이든 직장생활에서 가장 중요하다고 생각하는 가치에 따라 그 만족도는 달라진다고 봅니다. 자신의 가치에 맞춰 취업이나 이직을 준비하시면 만족도는 높아질 것입니다.

멀티플레이어로서의 만족감이 상당하다

원진영
현) 럭셔리비지니스인스티튜트 Training Team Senior Trainer(차장)
전) 밀레니엄서울힐튼(Hilton) 인사부 Training Manager(과장)
전) 볼보트럭코리아(Volvo Truck Korea) HR팀 HR Assistant
전) Baxter Incorporated HR팀 HR Assistant

Q 어떤 회사에서 어떤 직무를 담당하고 있나요?

A 밀레니엄서울힐튼은 세계적인 호텔 브랜드인 힐튼호텔앤리조트Hilton Hotels& Resorts와 프랜차이즈 계약을 맺고 있으며 싱가포르계 투자회사 홍룽그룹 - ㈜씨디엘코리아가 운영하고 있습니다. 비즈니스, 문화, 역사, 쇼핑의 중심부인 서울에 자리 잡고 있으며 비즈니스와 휴양 고객에게 최상의 호텔 경험을 제공하고 있습니다.

Q 외국계 기업은 국내 기업에 비해 어떤 장단점이 있는 것 같은가요?

A 밀레니엄서울힐튼의 경우 가장 큰 장점은 개방적이고 자유로운 문화였습니다. 많은 국내 기업의 경우 위계질서를 강조하거나 소통이 잘되지 않는 경직된 문화가 존재하는 것 같습니다. 하지만 저희 회사에서는 직원들이 자신들의 고충을 언제든지 인사부로 찾아와서 털어놓고 상의할 수 있었습니다. 저도 인사부의 일원으로서 회사와 직원 간의 가교 역할을 자주 했습니다. 또한 좋은 아이디어가 있으면 언제든지 경청해주는 커뮤니케이션 채널이 많았습니다. 이런 조직환경이 능력

있는 직원들로 하여금 역량을 발휘할 수 있게 한다고 생각합니다. 단점은 유명 국내 기업보다 인사시스템이 정교하게 정비되어 있지는 않습니다. 호텔의 경우 아직도 역량보다는 호봉에 기반한 급여시스템을 갖추고 있는 경우도 많습니다.

Q 외국계 기업으로 취업 또는 이직한 이유는 무엇인가요?

A 저는 대기업의 문화보다는 훨씬 더 자유로운 문화를 갖고 있는 외국계 기업에 마음이 끌렸습니다.

Q 외국계 기업으로 취업/이직을 하려는 사람들이 참고할 만한 간단한 Tip이 있다면?

A 호텔의 경우 인턴십 경력이 매우 중요합니다. 가능하다면 희망하는 회사의 인턴십 채용을 알아보세요. 인턴을 하면서 선후배들과 잘 지내고 성실하게 능력을 발휘한다면 사내 채용공고 시 가장 먼저 기회를 잡을 수 있을 것입니다.

Q 면접은 어떤 프로세스로 진행되었나요?

A 1차 서류전형-2차 실무진 면접-3차 부서장과 총지배인 면접으로 진행되었습니다.

Q 외국계 기업에서 근무하려면 영어를 원어민 수준처럼 잘해야 하는지 궁금합니다.

A 외국인 고객을 응대하는 만큼 외국어 실력이 중요합니다. 하지만 반드시 원어민처럼 영어를 잘해야 하는 것은 아니고 업무에 따라서 영어 구사 능력의 요구 기준이 다릅니다. 프런트 데스크, 귀빈층, 비즈니스센터, 서비스센터, 식음료업장의 경우에는 영어로 의사소통이 원활해야 합니다. 제가 있었던 교육팀의 경우에는 힐

튼에서 제공하는 교육프로그램을 번역하는 일이 많고, 외국인 부서장과 커뮤니케이션해야 하는 일들이 있기 때문에 비즈니스 영어가 가능해야 했습니다. 호텔에 지원하실 경우 우선 업무상 영어가 어느 정도 필요한지를 알아본 후 차근차근 준비하시면 좋을 것 같습니다.

Q 외국계 기업으로 취업, 이직을 희망하시는 분들께 외국계 기업을 추천하시겠습니까? 그 이유는?

A 저는 모교의 경력개발센터에서 후배들을 대상으로 경력 상담을 한 적이 많았습니다. 그때 많은 후배들에게 대기업보다는 외국계 기업을 공략하라고 조언을 했습니다. 왜냐하면 제 친구들 중에서도 석사 학위까지 받고 유수한 국내 기업에 취업했다가 지금은 경력이 단절된 경우가 상당히 많기 때문입니다.

큰 기업에서는 업무가 분업화되어 있습니다. 그래서 내가 퇴사를 하더라도 시스템이 잘 돌아갑니다. 하지만 외국계 기업의 경우 한 명이 멀티플레이어가 되는 경우가 많습니다. 그래서 스스로의 가치를 실감하면서 일할 수 있고, 정서적 만족감이 매우 큽니다. 그러다 보니까 개인 사정상 일을 그만두게 되어도 성취감과 인정의 맛을 알기 때문에 다시 일을 하고 싶어집니다. 또한 국내 기업보다는 여성들에게 공정한 기회가 열려 있다는 점도 큰 매력입니다. 능력만큼 인정받을 수 있는 기회가 열려 있습니다.

Q 외국계 기업에서 근무할 때 가장 중요한 역량 3가지를 꼽는다면?

A 업무의 핵심역량, 커뮤니케이션 능력, 외국어 능력입니다.

우선 업무의 핵심역량을 잘 파악해서 개발해야 합니다, 두 번째는 커뮤니케이션 능력입니다. 아무리 업무 성과가 뛰어나더라도 커뮤니케이션 능력이 떨어지면 두각을 나타낼 수 없습니다. 그리고 모든 업무는 상호 커뮤니케이션에 의해 이루어지므로 바퀴가 잘 돌아가려면 윤활유가 필요하듯 커뮤니케이션이 잘 이루어져야 합니다.

마지막으로 강조하고 싶은 것은 외국어 능력입니다. 특히 직급이 올라갈수록 외국어 능력이 매우 중요합니다. 굳이 호텔이 아니더라도 외국계 기업은 매트릭스 조직 구조를 갖고 있는 경우가 많습니다. 회사 내에도 상사가 있지만 주로 홍콩이나 싱가포르에 아시아퍼시픽 오피스가 있어서 지역 오피스에 직접 보고하는 조직체계를 갖고 있는 경우가 매우 흔합니다. 예를 들어서 나의 직속 상사가 아시아퍼시픽 오피스에 있는 경우죠. 그렇기 때문에 영어로 의사소통이 반드시 가능해야 합니다.

Q 취업, 이직을 준비하는 분들에게 한마디 해주신다면?

A 가슴 뛰는 일을 먼저 찾으세요. 일을 하면서 행복감을 느끼려면 정말 하고 싶은 일을 하시기 바랍니다.

일상 영어와 외국 문화에 익숙해져라

익명
현) 외국계 기업(상암동 위치) Sr. Project Manager(차장)
전) 모토로라코리아(주) 모바일사업부 Consumer Experience Design Team Sr. Project Manager(차장)

Q 어떤 회사에서 어떤 직무를 담당하고 있나요?

A 저는 지난 2000년 1월부터 2013년 2월까지 모토로라코리아 모바일사업부 Consumer Experience Design Team에서 프로젝트 매니저로 근무했었습니다. 그리고 2016년 1월부터 현재까지 서울에 소재한 외국계 기업에서 시니어 프로젝트 매니저로 근무 중입니다.

Q 외국계 기업은 국내 기업에 비해 어떤 장단점이 있는 것 같은가요?

A 우선 장점으로는 다음과 같은 것들이 있습니다.

1 업무별, 직급별 R&R이 명확하므로 직책이나 나이 혹은 성별 등에 대한 차별이 없습니다.

2 Open Door Policy: 업무적, 개인적 대화가 필요할 때 언제든지 상급 혹은 최상위 매니저와 소통이 가능합니다.

3 업무 성과 및 결과에 대해서는 전문적인 tool을 활용하며, 상급자뿐 아니라 동료의 feedback을 함께 적용하므로(360 Degree) 보다 공정한 평가가 이루어질 수 있습니다.

4 회사복지제도와 기타 직원 support program 등으로 인해 일반적인 국내 회사의 평균 급여 대

비 연봉이 조금은 높게 느껴질 수 있습니다.

5 Flexible한 업무 시간 및 휴가 활용: 기본적인 출퇴근 시간은 정해져 있으나, 사유가 충족될 시 출퇴근 시간 조절이 국내 기업보다 유연하고, 개인 휴가 기간 및 날짜를 지정하는 데에 있어서도 보다 개인적인 관점에서 자유롭게 선택이 가능합니다.

단점으로는 다음과 같은 것들이 있습니다.

1 책임과 의무에 대한 규정 위반 시 Penalty에 대한 예외 적용이 거의 불가능합니다.

2 업무 절차, 규정 등이 모두 system으로 연동되어 있으므로 가능한 빠른 시간 안에 스스로 습득해야 하고, 익숙해지기 전에는 의도치 않은 불이익을 감수해야 합니다.

3 관련 업무 등에 대한 support team은 지정되어 있으나 지원이 다소 제한적이고 100% 다른 팀에 의존하는 것은 불가능합니다.

4 한국에 위치한 특성으로 인해 보다 다양한 문화와 배경을 가진 사람들이 모이면서 수직적인 구조나 잦은 이직 등 국내 기업의 단점과 외국 기업의 단점을 동시에 보이는 경우도 종종 있습니다.

Q 외국계 기업으로 취업 또는 이직한 이유는 무엇인가요?

A 이미 앞서 언급한 다양한 장점이 큰 이유였고, 개인적으로는 국내 회사에 비해 보다 자유로운 소통과 열려 있는 문화 부분이 외국계 기업을 선택한 가장 큰 이유라고 생각합니다. 이러한 문화적 요소로 인해 국내 기업보다는 외국계 기업을 선택하게 되었습니다.

Q 외국계 기업으로 취업/이직을 하려는 사람들이 참고할 만한 간단한 Tip이 있다면?

A 기억을 더듬어보면 첫 직장에 취업할 당시 회사가 인정했던 저의 중요한 경쟁력은 원활한 영어소통 능력이었던 것 같습니다. 하지만 첫 직장에 취업한 지 이미 15년이 넘어가는 현재에도 신입사원 혹은 경력사원을 선발할 때 직무 능력이 탁월하면서 동시에 영어소통도 원활한, 두 가지 부분을 모두 만족시키는 후보자를 만나는 일은 매우 드문 상황임을 실감하고 있습니다.

취업을 원하는 분들께서는 부디 '일상 영어'와 '외국 문화'에 자연스러워질 수 있도록 꾸준히 연습하고 경험하시기를 조언드립니다. 증명할 수 있는 영어 성적도 서류 검토에서 참고사항이 될 수 있으나, (1)본인에 대한 소개와 취업하고자 하는 회사에 대해 기본적인 영어로 설명이 가능할 수 있도록, (2)영어로 질문할 시 완벽하지는 않더라도 자연스럽게 영어로 대답할 수 있도록 준비하시기를 부탁드립니다.

그리고 외국계 기업으로 이직을 원하시는 분들은 지금까지의 경력보다는 경험에 좀더 집중하시기를 바라고, 이에 대해 언제든 편안하게 영문으로 소개하고, 영문으로 질문 및 대답이 가능할 수 있도록 준비하시기를 조언드립니다.

Q 면접은 어떤 프로세스로 진행되었나요?

A 저의 경우에는 hiring manager, 조직의 리더분과 함께 한 시간 정도 face to face 인터뷰를 진행하고, 인사부로부터 추후 process에 대해 안내받는 것으로 마무리하였는데 저희 회사의 일반적인 채용 프로세스는 Hiring manager와 인터뷰, 개인 영문 PT 면접을 한 후 본사 상위 매니저와 전화/화상 인터뷰컨퍼런스 콜를 진행합니다. 이후 최종 채용 결정이 나는데 모든 과정은 영어로 진행됨을 인지하시고 준비해야 합니다. 그리고 경우에 따라 타 외국계 기업의 경우에는 Manager interview를 진행한 후 2~3일간의 임시출근을 통해 동료들과 팀, 그리고 개별 인터뷰를 요청받을 수도 있습니다.

Q 외국계 기업에서 근무하려면 영어를 원어민 수준처럼 잘해야 하는지 궁금합니다.

A 기능적인 측면에서 원어민처럼 영어를 잘하면 가장 좋겠지만 그보다는 외국 문화 및 외국인에 대한 이해가 선행되어야 한다고 생각합니다. 제 경험상 기본적으로 한국인이 외국인 회사에 취업을 하는 것이므로 영어를 원어민처럼 잘하는 경우가 매우 드물기는 합니다. 하지만 최소한 자신이 표현하고자 하는 부분과 업무적인 설득이 필요할 때 스스로 말할 수 있는 수준의 영어 실력은 필요하다고 생각합니다.

Q 외국계 기업으로 취업, 이직을 희망하시는 분들께 외국계 기업을 추천하시겠습니까? 그 이유는?

A 추천합니다. 그 이유는 앞에서 말씀드린 장점들 때문입니다. 단, 국내 조직문화에 이미 충분히 익숙해지셨거나 부하직원의 지원이 꾸준히 필요하신 경력자 분들은 외국계 기업으로의 이직을 추천하고 싶지 않습니다.

Q 외국계 기업에서 근무할 때 가장 중요한 역량 3가지를 꼽는다면?

A 저는 책임감, 자존감(자신감), 그리고 외국어 능력이 가장 중요하다고 생각합니다.

Q 취업, 이직을 준비하는 분들에게 한마디 해주신다면?

A **취업을 준비하시는 분들께:** 본인이 외국계 기업 혹은 국내 기업에 취업을 원하는지, 대기업 혹은 중소기업에 취업을 원하는지에 대한 결정보다는 어떤 일을 하든지 배우고자 하는 자세로 준비하고 도전하시기를 바랍니다.

이직을 준비하시는 분들께: 현재 조직에서 이직을 원하는 이유가 상사 혹은 조직문화 등에 대한 불만 때문이라면 이직이 100% 문제를 해결해주지는 않는다는 것을 알아두시면 좋을 것 같습니다. 어떤 회사를 가든지 나와 맞지 않는 상사는 늘 존재하고, 또 조직문화라는 것은 애초부터 나를 위해 설계된 것이 아니기 때문에 이 점을 염두에 두고 이직을 결정하셨으면 좋겠습니다. 단, 이직 사유가 개인적인 사유라면, 예를 들어 본인의 발전이나 성장, 자유로운 휴가, 일과 삶의 균형Work & Life balance, 연봉 등의 이유라면 이직 후 그동안 충족되지 않았거나 미처 예상하지 못했던 어려움 등을 보다 잘 견뎌내고 극복할 수 있을 것입니다.

원하는 직무의 실무자를 직접 만나라

이강은
현) 한국지엠주식회사(GM KOREA) GBS 인사지원팀장(차장)

Q 어떤 회사에서 어떤 직무를 담당하고 있나요?

A 한국지엠주식회사는 2002년 GM이 대우그룹의 대우자동차를 인수해서 출범한 기업으로서 '창조적이며 도전적인 글로벌 인재'라는 비전을 갖고 세계적인 자동차 기업을 꿈꾸는 회사입니다. 인재상으로는 '창조적인 도전의식', '부단한 자기 개발', '글로벌 마인드', '인간 존중'을 중요시하는 회사이며, 글로벌 회사에 맞게 개개인의 가치를 존중하며 적극적이고 미래에 대해 끊임없이 도전하는 인재를 선호하는 회사입니다. 이 회사에서 저는 HRM의 대부분을 차지하는 GBS 인사지원팀장을 맡고 있습니다.

Q 외국계 기업은 국내 기업에 비해 어떤 장단점이 있는 것 같은가요?

A 외국계 기업의 장점은 유연한 근무시간, 수평적 조직문화, 정확한 업무분장, 커뮤니케이션 등의 자율적인 분위기, 성과에 따른 공정한 보상, 주재원 등 경력개발 기회 확대, 복지제도, 성별 및 나이에 대한 차별이 없으며, 개인 사생활 존중, 글로벌 기업으로서 선진화된 Tool을 접할 수 있는 기회가 많다는 것입니다. 다른 한

편인 단점으로는 성과 위주, 대규모 채용이 아닌 수시 채용, 다양한 직원들로 인한 문화적 이질감, 조직체계가 복잡하여 의사결정이 느리며, 팀워크보다는 개인주의가 강하다는 것입니다.

Q 외국계 기업으로 취업 또는 이직한 이유는 무엇인가요?

A 저는 국내 기업에 있다가 자연스럽게 외국계 기업으로 변경되어 근무하게 되었지만, 만약 제가 현재 대학을 졸업하고 취업을 한다면 국내 기업보다는 외국계 기업을 선택할 것입니다. 그 이유는 직원들의 배경(학벌, 지역 등)보다는 그 사람의 능력(역량)을 보고 판단하기 때문입니다. 자신이 얼마만큼 열심히 하고, 성과를 낼 수 있느냐에 따라서 처우를 받을 수 있기 때문입니다.

Q 외국계 기업으로 취업/이직을 하려는 사람들이 참고할 만한 간단한 Tip이 있다면?

A 먼저 영어는 회화 중심으로 공부하는 것이 좋습니다. 많은 지원자들이 외국계 기업이라고 하면 영어 점수가 무척 높아야 취업할 수 있다고 착각을 하고 있습니다. 토익/토플 점수를 좀 더 올리기 위해 많은 시간을 투자하기보다는 취업을 위해 필요한 인성/면접/자기소개서 작성을 위해 좀 더 시간을 투자하라고 이야기해주고 싶습니다.

두 번째는 지원 동기를 명확히 하는 것이 중요합니다. 틀에 박힌 내용보다는 취업하고자 하는 기업에서 자신의 역량을 어떤 부분에 발휘할 수 있는가에 주안점을 두시기 바랍니다.

세 번째는 직무에 대한 정확한 이해가 필요합니다. 직무에 대한 이해가 부족하여 면접에서 자주 떨어지는 경우가 있습니다. 필요하다면 해당 직무의 실무자를 만나서 이야기를 들어보는 것도 좋을 듯합니다.

마지막으로 외국계 기업은 대규모 채용이 없기 때문에 가능한 많은 정보를 활용해서 수시채용에 지원해보시기 바랍니다.

Q 면접은 어떤 프로세스로 진행되나요?

A 당사의 경우 구조화된 면접 기법을 사용합니다. 각 부문/본부에서 필요한 역량을 사전에 선정한 후 그 역량에 맞는 질문을 통해 선발하는 방식입니다. 면접은 2:1 조로 진행되며, 사전에 면접관 과정을 이수한 임직원들이 하게 됩니다. 신입의 경우 보통 30~40분 정도, 경력직의 경우 한 시간 정도 면접을 보며 실무진과 임원면접으로 나눠집니다.

Q 외국계 기업에서 근무하려면 영어를 원어민 수준처럼 잘해야 하는지 궁금합니다.

A 당사는 다양한 국적의 직원들과 일을 하기 때문에 영어를 원어민처럼 잘하면 좋겠지만, 그렇지 않더라도 업무에 지장을 주지 않는 범위 내에서 할 수 있으면 됩니다. 주로 회화 중심의 영어가 필요합니다. PT, Conference Call, Meeting, 출장 등에 영어를 많이 사용합니다.

Q 외국계 기업으로 취업, 이직을 희망하시는 분들께 외국계 기업을 추천하시겠습니까? 그 이유는?

A 네, 적극 추천하고 싶습니다. 앞에서 이야기한 바와 같이 외국계 기업에서 다양한 장점(유연한 근무시간, 성과에 따른 공정한 보상 등)으로 인해 스스로 자신의 계획에 따라 업무를 처리할 수 있다면 많이 성장할 수 있기 때문입니다.

Q 외국계 기업에서 근무할 때 가장 중요한 역량 3가지를 꼽는다면?

A 국내 기업과 외국계 기업에서 필요로 하는 역량은 다를 수 있습니다. 먼저 언어 능력이 중요합니다. 아무래도 함께 일하는 직원들이 국내/해외에 있다 보니 언어 능력이 필수입니다.

두 번째는 다양한 사람들과 함께 일하는 만큼 외국 문화에 대한 이해가 필요합니다. 그러기 위해서는 마인드 자체가 오픈 마인드가 되어야 합니다.

마지막으로 Generalist보다는 Specialist를 원하기 때문에 멀티플레이어가 되어야 합니다. 대부분 조직의 인원이 소규모이므로 이 부분이 더욱더 중요합니다.

Q 취업, 이직을 준비하는 분들에게 한마디 해주신다면?

A 요즘 취업과 이직이 힘들다고 합니다. 그렇기 때문에 본인이 원하는 회사에 취업하기는 더욱더 힘들지 모릅니다. 하지만 힘들다고 해서, 취업을 못해 많은 사람들에게 죄송하다고 해서 원하지도 않는 회사에 무조건 들어가고 본다는 식의 생각은 하지 않았으면 좋겠습니다. 자신이 원하는 직무가 무엇인지, 그것을 위해 무엇을 준비했는지, 그리고 그 직무를 통해서 자신이 원하는 것이 무엇인지를 생각해 보시기 바랍니다.

외국계 기업 입사, 영어 실력을 높일 수 있는 기회다

서상훈
현) 슈나이더일렉트릭(Schneider Electric) 사업부 마케팅/영업팀장(부장)
전) LG그룹 마케팅 담당

Q 어떤 회사에서 어떤 직무를 담당하고 있나요?

A 저는 현재 슈나이더일렉트릭Schneider Electric 마케팅/영업팀장을 맡고 있습니다. 저희 회사는 글로벌 에너지 관리 및 자동화 전문기업으로 전력배전, 공장 및 빌딩 자동화, 데이터센터 솔루션은 물론이고 최근 이슈가 되고 있는 Industry 4.0, iIoT, 스마트팩토리, 그린빌딩 등 다양한 분야에서도 시장을 선도하고 있습니다.

Q 외국계 기업은 국내 기업에 비해 어떤 장단점이 있는 것 같은가요?

A 장점으로는 회사 내에서 업무를 전환하거나 하는 부분이 매우 유연합니다. 특히 사내 공모를 하는 경우 주변의 눈치를 보지 않고 지원을 할 수 있습니다. 또한 다른 외국 지사에 있는 다양한 지역의 다양한 직무에 도전할 수 있는 기회가 국내 기업에 비해 상대적으로 많습니다. 업무 성과가 확실히 나타나고 효율적으로 일할 수만 있다면 자기 시간도 충분히 가질 수 있습니다.

단점으로는 국내 기업에 비해 상대적으로 시스템 및 내부 규정이 매우 복잡합니다. 기본적으로 물류, 마케팅, 회계 관련 부서들의 복잡한 시스템 등을 파악하는 데 어려움을 겪을 수도 있습니다. 성과에 대한 평가가 개인별로 이루어지기 때문에 팀워크는 상대적으로 많이 떨어지는 편입니다. 또한 보고 라인 및 조직 자체도 복잡해서 시장 변화 및 고객 요구에 대응하는 것이 상대적으로 느릴 수도 있습니다. 해외 출장은 사실 가시는 분들만 갑니다. 특히 영업 직군은 해외출장을 갈 일이 거의 없습니다.

Q 외국계 기업으로 취업 또는 이직한 이유는 무엇인가요?

A 국내 대기업에서 근무하다가 이직할 당시 대부분의 국내 기업들이 제품/서비스 및 비즈니스 모델을 글로벌 기업에서 벤치마킹하고 있었습니다. 전 세계 시장에서 장악력이 있는 글로벌 기업과 함께 일할 수 있다면 더 많은 경험을 할 수 있고, 커리어에 큰 도움이 될 것이라 믿었습니다. 특히 대학원 진학 등 자기 개발을 하는데 있어서 눈치 보지 않고 해볼 수 있고 출퇴근 시간, 회식 참여 등도 개인이 유연하게 대응할 수 있어서 좋았습니다. 무엇보다 외국계 기업으로 이직하는 것이 부족한 영어 실력을 개발할 수 있는 좋은 기회가 될 것이라고 판단했습니다.

Q 외국계 기업으로 취업/이직을 하려는 사람들이 참고할 만한 간단한 Tip이 있다면?

A 영어를 못하는 것이 문제가 아니라 영어를 안 하는 것이 문제라고 생각합니다. 오히려 외국계 기업의 입사는 영어 실력을 높일 수 있는 더 좋은 기회가 될 수 있습니다.

Q 면접은 어떤 프로세스로 진행되었나요?

A 제가 이직할 당시에는 해당 임원 면접, HR 임원 면접으로 생각보다 간단했습

니다. 경력직이고 사업개발 직군이라 좀 특수한 경우였는데, 최근 채용 면접은 보다 까다롭습니다. 팀장, 임원, HR은 기본이고 필요할 경우 본사의 담당 직원들과도 인터뷰를 진행합니다.

Q 외국계 기업에서 근무하려면 영어를 원어민 수준처럼 잘해야 하는지 궁금합니다.

A 사실 영어도 쓰는 사람만 많이 씁니다. 마케팅 직군(특히 제품 등과 관련해서 본사와 커뮤니케이션해야 하는), 재무 직군, 구매/물류 직군 등이 영어를 좀 많이 쓰는 편이고 영업 직군은 이메일 및 문서 등을 쓰고, 읽고 어느 정도 이해할 수 있는 수준이면 됩니다. 원어민처럼 영어를 못해서 업무 진행이 어려운 경우는 없다고 보면 됩니다. 왜냐하면 대부분 업무를 진행해야 하는 파트너들이 싱가포르, 중국, 유럽 출신 등이기 때문입니다.

Q 외국계 기업으로 취업, 이직을 희망하시는 분들께 외국계 기업을 추천하시겠습니까? 그 이유는?

A 추천합니다. 외국계 기업에서는 좀 더 많은 기회를 볼 수 있습니다. 좀 더 많은 경험을 할 수 있습니다. 생존 능력이 정말 강해집니다.

Q 외국계 기업에서 근무할 때 가장 중요한 역량 3가지를 꼽는다면?

A 외국계 기업에서 근무하는 데 있어서 중요한 3가지 역량은 커뮤니케이션 능력, 리더십, 업무 유연성이라고 생각합니다.

Q 취업, 이직을 준비하는 분들에게 한마디 해주신다면?

A 많이 도전을 해야 기회가 주어진다고 생각합니다. 구인하는 회사는 절대 사람

을 찾지 않습니다. 외국계 기업은 채용정보가 많지 않기 때문에 보다 적극적으로 찾아나서야 합니다.

나만의 전문성을 극대화시켜주는 회사를 찾아라

김진형
현) 엘스비어코리아(Elsevier Korea) 콘텐츠개발팀장(부장)
전) 삼성 크레듀(Credu) 영업 담당

Q 어떤 회사에서 어떤 직무를 담당하고 있나요?

A 저는 현재 엘스비어코리아(유) Contents Development Team의 Manager로 근무하고 있습니다. 엘스비어는 의학 및 과학기술 분야의 세계 최대 Publisher로 전 세계 3,000만 명 이상의 의료인, 학생, 과학자들에게 전문자료를 제공하고 있습니다. 엘스비어는 세계 최고의 정보와 혁신적인 툴을 각 분야의 전문가들에게 널리 전파함으로써 세계 과학 및 의학 분야 발전에 기여하고자 합니다.

Q 외국계 기업은 국내 기업에 비해 어떤 장단점이 있는 것 같은가요?

A 장점으로는 각 Local 별 특색 있는 사업 및 조직문화가 혼합되어 있어 다양한 체험과 경험을 좀 더 용이하게 공유할 수 있습니다. 또한 승격 및 인센티브 보상의 제한 요소가 국내 기업보다 높지 않기 때문에 개개인의 능력과 실적에 따라 충분한 보상을 기대할 수 있습니다. 각 Local 별로 다양한 직종에 다양한 기회가 많이 주어지다 보니 해당 직무에 대한 전문성과 언어적인 문제가 크게 문제되지 않는다면 다양한 나라에서 다양한 직무 및 직종의 경험을 할 수 있는 기회가 많습니다.

단점으로는 직종에 따라 차이가 있으나 성과가 미진하거나 회사의 전략적 혹은 정책적인 변화, 큰 이슈가 업무 수행에 부정적인 영향을 끼칠 수 있습니다.

Q 외국계 기업으로 취업 또는 이직한 이유는 무엇인가요?

A 국내 대기업에서 근무하다가 국내 대기업에서 경험할 수 없는, 보다 다양한 체험과 글로벌 한 트렌드를 배우고, 방대한 자료와 데이터를 기반으로 한국 지사의 새로운 사업부를 만들어 운영하고자 하는 꿈을 갖고 이직하게 되었습니다. 물론 기존 국내 대기업보다 더 좋은 조건의 근무환경과 보수 또한 이직하게 된 요인 중 하나입니다.

Q 외국계 기업으로 취업/이직을 하려는 사람들이 참고할 만한 간단한 Tip이 있다면?

A 외국계 기업에 대한 막연한 환상이나 기대보다는 해당 기업이 가지고 있는 Value핵심가치나 제품을 정확하게 인지하고 이것을 기반으로 기존에 했던 방식에서 조금 더 개선된, 혹은 새롭게 시장에 분배할 수 있는 나만의 전략과 기획력을 갖는 것이 필요합니다. 회사와 개인 간의 이해 차이를 좁힐 수 있는 좋은 기회가 될 것이라 생각됩니다.

Q 면접은 어떤 프로세스로 진행되었나요?

A 제 경우에는 현재 회사의 프로세스와는 달리 면접 절차가 대표이사 면접 1회로만 진행되었습니다. 일반적으로 회사 면접 프로세스는 인사팀에서 서류 전형과 1차 인터뷰를 진행하고, 1차 인터뷰 진행 전 이직자의 경우 기존 회사에 반드시 평판조회Reference Check를 진행합니다.

이후 합격자는 2차 실무자 면접을 진행합니다. 2차 실무자 면접에서는 해당 부서 팀장 이외에 다른 팀의 리더들도 참석해 총 2인 이상의 면접관이 실무 전문성과 기존 경력에 대한 부분의 심층 면접을 진행하고, 이후 대표이사(지사장) 또는 글로벌의 리더가 최종적으로 3차 면접을 진행합니다.

Q 외국계 기업에서 근무하려면 영어를 원어민 수준처럼 잘해야 하는지 궁금합니다.

A 원어민과 같은 의사소통이 절실하게 필요하지는 않습니다. 본인이 하고 있는 일에 대한 설명과 질문에 대한 답변을 서로 이해할 수 있을 정도의 의사소통이면 충분합니다. 단, 관리자나 그 이상의 직급 또는 다른 해외 지사로 이동을 희망할 경우에는 좀 더 능숙한 영어 의사소통 능력이 필요합니다.

Q 외국계 기업으로 취업, 이직을 희망하시는 분들께 외국계 기업을 추천하시겠습니까? 그 이유는?

A 추천합니다. 물론 국내 대기업에서도 순환 보직을 하고 있지만, 외국계 회사의 경우 좀 더 자주, 좀 더 많은 기회가 다양한 형태로 주어질 수 있기 때문에 한 직무에 대한 전문성보다 다양한 직무와 다양한 체험 혹은 경험을 필요로 하는 분들에게 꼭 추천하고 싶습니다.

Q 외국계 기업에서 근무할 때 가장 중요한 역량 3가지를 꼽는다면?

A 긍정적 사고와 태도, 커뮤니케이션 스킬Internal Communication, 자신감

Q 취업, 이직을 준비하는 분들에게 한마디 해주신다면?

A 더 좋은 근로조건과 보수보다는 내가 가지고 있는 나만의 특성(전문성)을 극

대화할 수 있는 충분한 기회가 있는 회사인지, 그리고 내 경력 개발에 도움이 될 수 있는 회사인지가 이직 및 취업에 좀 더 중요한 고려요소임을 꼭 기억해주셨으면 합니다.

FOREIGN AFFILIATED

PART 4

외국계 100대 기업의 비밀 정보

지금까지 외국계 기업의 보편적인 문화, 특성에 대해 알아보았습니다. 이제 외국계 기업으로 입사를 결정했다면 외국계 기업에 대비해 취업이나 이직을 준비해야 합니다. 4부에서는 국내에서 최근 채용을 진행한 적이 있는 외국계 기업 100곳의 간략한 정보를 소개해드리도록 하겠습니다.

☑ foreign affiliated 001

한국에이버리

Avery Dennison Korea

제품/서비스	점착라벨, 그래픽필름, 산업용/의학용 테이프
회사 소개	» 미국에 본사를 둔 Avery Dennison Corporation(NYSE: AVY) » 〈포춘(Fortune)〉지 500대 기업 » 전 세계 기업과 소비자를 위한 패키징&라벨링 솔루션을 제공하는 글로벌 선두기업 » 에이버리데니슨코리아(한국에이버리)는 에이버리데니슨의 한국 현지 법인 » 우수한 제품과 기술력으로 라벨&패키징 산업 전반에서 핵심적인 역할 수행 » 회사의 브랜드 가치를 높이고 제품의 성능을 강화하며 정보를 보다 정확하고 편리하게 전달할 수 있는 혁신적인 솔루션 제공을 위해 끊임없이 노력 » 전 세계 고용 창출과 다양한 사회적 활동을 통해 국가와 지역사회에 기여
본사 국가	미국(U.S)
글로벌 설립	1935년
글로벌 매출	6,897억 원
글로벌 인원	25,000명
한국 주소	서울 서초구 양재2동 206-3 희경장학재단빌딩 C동 4층
한국 설립	1994년
한국 매출	1,313억 6,751만 원
한국 인원	70명
홈페이지	http://label.averydennison.kr
채용사이트	—
이메일	HR.ADK@ap.averydennison.com
문의	02-3497-7228

foreign affiliated 002

페펄앤드푹스코리아

Pepperl+Fuchs Korea

제품/서비스	산업용 센서와 본질 안전장치의 제조 및 개발
회사 소개	» 1945년, 독일 만하임에 본사를 두고 창립된 특수 전자장치 제조업체 » 산업현장에서의 센서, 퍼지, 버스 시스템과 베리어 레벨 등에 국제적인 명성을 자랑하고 있는 다국적 기업 » Pepperl+Fuchs Korea는 Pepperl+Fuchs의 공장 자동화 및 공정 자동화 제품을 국내에 소개하고 국내 고객을 위한 최상의 서비스와 기술적 협력을 위하여 1994년 서울에 설립 » 산업용 센서와 본질 안전장치의 제조 및 개발의 세계적인 선두주자 자부심 » 국내 고객에게 맞는 완벽한 솔루션을 제공하며 매년 성장
본사 국가	독일(Germany)
글로벌 설립	1945년
글로벌 매출	6,066억 2,000만 원(2013년 기준)
글로벌 인원	5,600명
한국 주소	서울 서초구 방배동 895-2 양지빌딩2 5층
한국 설립	1994년
한국 매출	126억 4,090만 원
한국 인원	20명
홈페이지	http://www.pepperl-fuchs.co.kr/korea/ko/index.htm
채용사이트	http://www.pepperl-fuchs.co.kr/korea/ko/26.htm
이메일	info@kr.pepperl-fuchs.com
문의	02-3481-9494

foreign affiliated 003

HSBC

HSBC Korea

제품/서비스	기업금융, 자금부, 캐피털 피이낸싱, 증권 보관 및 수탁 업무, 글로벌 유동성 및 자금 관리, 수출입 금융
회사 소개	» 글로벌 수요에 부응하는 현지 은행 아이디어에서 탄생 » HSBS: The Hongkong and Shanghai Banking Corporation Limited » 국내에서는 은행 업무, 증권 업무 및 펀드 일반사무 관리 업무 » 광범위한 글로벌 네트워크 및 한국 시장에 대한 지식을 바탕으로 국제적으로 거래와 투자를 하는 금융기관, 한국 기업 및 다국적 기업에 글로벌 뱅킹 & 마켓 서비스 제공 » 한국 기업이 해외로 사업을 확대, 다국적 기업이 국내에서 성공적으로 사업을 할 수 있도록 지원
본사 국가	영국(United Kingdom)
글로벌 설립	1865년
글로벌 매출	58조 1,869억 9,040만 원
글로벌 인원	235,175명
한국 주소	서울특별시 중구 칠패로 37 HSBC빌딩
한국 설립	1974년
한국 매출	1조 3,808억 9,251만 원(2014년기준)
한국 인원	770명
홈페이지	www.kr.hsbc.com
채용사이트	http://www.about.hsbc.co.kr/ko-kr/careers
이메일	hrd@kr.hsbc.com
문의	02-2004-0123

☑ foreign affiliated 004

다쏘시스템코리아

Dassault Systems

제품/서비스	3DEXPERIENCE, CATIA, Solidworks, SIMULIA, PLM
회사 소개	» 1981년에 설립, 프랑스에 본사를 두고 있는 세계적인 소프트웨어 선도기업 » 140여 개국 21만 고객사와 협력 » 2014년 포브스 선정 소프트웨어 부문 '가장 혁신적인 기업' 세계 2위 » 다보스 포럼 선정 2016년 '세계 100대 가장 지속 가능한(The most sustainable) 기업' 세계 2위에 선정 » 대표적인 제품: CATIA, Solidworks, ENOVIA
본사 국가	프랑스(France)
글로벌 설립	1981년
글로벌 매출	3조 4,443억 8,836만 원
글로벌 인원	13,974명
한국 주소	서울 강남구 영동대로 517(삼성동, 아셈타워) 9층 다쏘시스템코리아
한국 설립	2001년
한국 매출	1,313억 6,751만 원
한국 인원	165명
홈페이지	https://www.3ds.com/ko
채용사이트	https://careers.3ds.com
이메일	KR.HR-Recruitment@3ds.com
문의	02-3270-7800

☑ foreign affiliated
005

하니웰애널리틱스㈜

Honeywell

제품/서비스	가연성가스, 유독성가스, 신소 검지 시스템 관련 휴대/설치형 제품 개발, 생산
회사 소개	» Honeywell: 미국 뉴욕증시(NYSE) 상장, 다우존스 30 기업, 〈포춘〉지 60대 기업, 120년 전통의 글로벌 기업 » 하니웰애널리틱스㈜ : Honeywell 그룹의 Life Safety 부문 아시아 태평양 지역 사업을 담당, 2005년 11월 외국인투자촉진법에 의한 외국인 직접투자 기업으로 설립 » 가연성가스, 유독성가스, 산소 검지 시스템에 관련된 휴대형 및 설치형 제품을 개발, 생산하는 업체 » 육상 및 해상이 유전에 보편적으로 사용되는 가스검지기, 반도체, LCD, 태양열 전지 회사의 생산시설에서 사용 » 타 업종에 비해 기술 진입장벽이 높아 경쟁이 치열하지 않으면서도 발전 전망이 밝은 블루오션에 속함
본사 국가	미국(U.S)
글로벌 설립	1906년
글로벌 매출	44조 3,477억 1,000만 원
글로벌 인원	129,000명
한국 주소	서울 마포구 월드컵북로 434(상암동, 상암 IT Tower)
한국 설립	2005년
한국 매출	1,113억 8,643만 원
한국 인원	75명
홈페이지	http://www.honeywellanalytics.com/ko-kr
채용사이트	—
이메일	Recruit.Korea@Honeywell.com
문의	02-6909-0304

☑ foreign affiliated
006

엠브라운이너트가스시스템즈코리아

M.Braun Inertgas-Systems

제품/서비스	글러브박스,SPS 등의 영업 활동 및 보수 유지
회사 소개	» 독일 뮌헨에 본사를 둔 다국적 장비회사 » 모기업: 독일 금융계 지주회사인 Indus Holding AG, 연간 10억 유로 이상의 매출액 달성 » 엠브라운이 끊임없는 연구개발과 투자를 통해 전 세계 시장에서 부동의 1위 자리를 지킬 수 있도록 지원 » Inertgas System 취급 » 주요 고객: 디스플레이(OLED), 화학, 이차전지, 원자력, 제약 등과 관련된 기업 및 연구소 » 청정환경 수요를 만족시키는 제품과 서비스 제공
본사 국가	독일(Germany)
글로벌 설립	2011년
글로벌 매출	716억 1,385만 원
글로벌 인원	190명
한국 주소	서울 마포구 서교동 402-10 삼광빌딩2층
한국 설립	2014년
한국 매출	9억 9,265만 원
한국 인원	6명
홈페이지	www.mbraun-glovebox.kr
채용사이트	http://www.mbraun.com/about/careers
이메일	info@mbraun.asia
문의	02-3275-3537

foreign affiliated
007

엘에스지스카이셰프코리아

LSG Group

제품/서비스	기내식 제조, In-flight equipment 및 logistic 서비스
회사 소개	» 전 세계 50개국의 주요 공항 211여 개의 사업장에서 항공기 기내식, 항공 기내 서비스, 기물 개발, 라운지 서비스 등을 제공하는 세계적인 기내 서비스 전문기업인 LSG Group의 한국 지사 » LSG Sky Chefs라는 브랜드로 철도 서비스 및 편의식품 시장에 성공적으로 진입, 매년 5억 9,100만 식을 조리하며 50개국의 211개 공항에 공급 » 독일 루프트한자항공(80%)과 아시아나항공(20%)이 공동투자 한 외국인투자회사 » 2003년 아시아나 기내식 사업부를 인수하고 80%의 지분 확보 » 현재 일일 약 3만 5,000개의 기내식을 생산하여 아시아나 항공 및 15개 국내 취항 외국항공사에 공급
본사 국가	독일(Germany)
글로벌 설립	1942년
글로벌 매출	3조 1,944억 6,092만 원(2014년 기준)
글로벌 인원	32,800명
한국 주소	인천 중구 운서동 2840번지 엘에스지스카이셰프코리아(주)
한국 설립	2003년
한국 매출	1,873억 2,027만 원
한국 인원	138명
홈페이지	http://www.lsgskychefs.com
채용사이트	http://www.lsgskychefs.com/work-us/jobs
이메일	kyongwon.kim@lsgskychefs.com
문의	032-744-5236

foreign affiliated 008

한온시스템㈜

Hanon SYSTEMS

제품/서비스	자동차 공기조절장치
회사 소개	» 1986년, 미국 Ford 자동차와 만도기계㈜ 합작으로 설립 » 2013년, 자동차 친환경 고효율 열관리 솔루션 전문기업 미국 비스테온(Visteon) 사의 공조사업부 인수 » 2014년, '쿠퍼스탠다드 오토모티브(Cooper Standard Automotive Inc.)'의 열관리 및 배기 사업 인수 » '세계 시장 점유율 2위 기업'으로서 지속 성장 가능한 글로벌 혁신리더로 주목 » 전 세계 18개국 33개 생산공장 및 5개 연구소, 7개 마케팅 센터 보유
본사 국가	대한한국(South Korea)
글로벌 설립	1986년
글로벌 매출	5조 558억 원
글로벌 인원	16,500명
한국 주소	대전 대덕구 신일동 1689-1
한국 설립	1986년
한국 매출	2조 2,739억 495만 원
한국 인원	2,136명
홈페이지	http://www.hanonsystems.com/Kr
채용사이트	http://www.hanonsystems.com/En/Main/Careers
이메일	recruit@hanonsystems.com
문의	042-930-6149

☑ foreign affiliated
009

도모브로더

Brodeu&Partner

제품/서비스	PR, PA, Digital Communication
회사 소개	» Global, Digital, Business Communication을 핵심역량으로 하는 PR회사 » 2000년, 舊 인컴브로더와 플레시먼힐러드의 공동출자회사인 도모커뮤니케이션 컨설팅으로 탄생 » 디지털에 특화된 PR서비스와 비즈니스 문제 해결을 위한 커뮤니케이션 컨설팅을 핵심역량으로 성장 » 2013년, 美브로더파트너즈와 제휴를 통해 도모브로더로 재출범 » 30여 명의 전문가들이 인간 중심, 일 중심의 문화 속에서 PR컨설팅, PA, 디지털 마케팅에서 국내외 커뮤니케이션을 리드 » 주요 고객사: LG전자, 한국타이어, 한국관광공사, 돌비코리아, 기아자동차, 현대자동차, 김안과병원, CJ, 대법원, 사용후핵연료 공론화위원회, 한국수력원자력, 에너지경제연구원, 경상북도, 게임문화재단 등
본사 국가	미국(U.S)
글로벌 설립	1985년
글로벌 매출	–
글로벌 인원	–
한국 주소	서울 강남구 삼성동 114-44 DECKS빌딩 3층
한국 설립	2012년
한국 매출	46억 7,182만 원
한국 인원	30명
홈페이지	http://www.brodeur.kr
채용사이트	http://www.brodeur.kr/career
이메일	monica@brodeur.kr
문의	02-6253-4050

foreign affiliated
010

비엠더블유파이낸셜서비스코리아

BMW Financial Services

제품/서비스	자동차 금융
회사 소개	» BMW 그룹의 일원으로 전 세계 80개국에서 자동차 금융 분야를 선도 » 합작회사(BMW+한성) » 2001년 국내 수입차 업계 최초로 설립 » 최우수 외국투자기업으로 선정되어 대통령 표창 수상 » 리스 및 할부금융 분야에서 혁신적인 상품과 선진화된 금융 기법으로 BMW 고객에게 프리미엄 고객 서비스 제공
본사 국가	독일(Germany)
글로벌 설립	1916년
글로벌 매출	111조 8,303억 9,700만 원
글로벌 인원	122,224명
한국 주소	서울시 중구 퇴계로 100 스테이트타워남산 12층
한국 설립	2001년
한국 매출	5,750억 8,805만 원
한국 인원	99명
홈페이지	https://www.bmwfs.co.kr
채용사이트	https://www.bmwfs.co.kr
이메일	recruit-sf@bmw.co.kr
문의	1577-5822

☑ foreign affiliated 011

사노피-아벤티스코리아

SANOFI-AVENTIS Group

제품/서비스	의료, 제약, 바이오
회사 소개	» 세계적인 제약업계 선두기업: 유럽 1위의 제약기업(사노피 그룹) » 전 세계 29개의 연구개발센터, 전 세계 100여 개국에 진출한 글로벌 제약기업 » 1957년, 독일 훽스트, ㈜한독약품과 기술 라이선스 협약으로 한국 진출 » 1985년 6월, 태광-사노피㈜ 설립(한국 태광약품과 프랑스 사노피 그룹 합작회사) » 1989년, 국내 최초 독감 백신 원료 공급 » 1991년 4월, 한국 사노피㈜ 설립(사노피 그룹 100% 출자) » 2004년 12월, 사노피-신데라보 그룹과 아벤티스 합병으로 세계 3대 제약사 사노피-아벤티스 그룹 탄생 » 2006년, 사노피-아벤티스 코리아 공식 출범: 국내 TOP3 제약회사, 죽전혈전증, 당뇨, 골다공증, 유방암, 대장암 및 위암 분야에서 국내 선두 전문치료제 보유
본사 국가	프랑스(France)
글로벌 설립	2004년(Aventis와 Sanofi-Synthélabo 합병)
글로벌 매출	41조 329억 9,004만 원
글로벌 인원	110,000명
한국 주소	서울 서초구 반포동 235 효성빌딩10층
한국 설립	1957년
한국 매출	2,840억 5,820만 원
한국 인원	535명
홈페이지	http://www.sanofi-aventis.co.kr
채용사이트	recruitment.kr@sanofi.com http://hr.jobkorea.co.kr/sanofiaventis/sanofi/GI_List.asp
이메일	sujung.han@sanofi.com
문의	02-2136-9000

☑ foreign affiliated
012

입소스㈜
Ipsos

제품/서비스	마케팅 리서치
회사 소개	» 프랑스에 본사를 둔 전 세계 2위 마케팅 리서치 기업(Survey-based Research 기준) » 2011년 10월, 글로벌 리서치 기업 시노베이트와 합병 » 전 세계 87개국에 100개국을 대상으로 시장조사를 수행하는 글로벌 기업 » 마케팅 전 분야에서 선진화된 분석/예측 모델 보유: 신제품 개발, 수요 예측, 브랜드 및 광고, 고객 만족도, 사회조사, 미디어 리서치 » 입소스 고유의 유형/영역별 5개의 특화된 비즈니스 라인 독립적 운영: Ipsos Marketing, Connect, Loyalty, Public Affair, Observer 비즈니스별 전문화된 고유 리서치 모델 보유
본사 국가	프랑스(France)
글로벌 설립	1975년
글로벌 매출	2조 1,659억 9,737만 원
글로벌 인원	16,000명
한국 주소	서울 중구 중림동 한국경제신문사빌딩 12층
한국 설립	1996년
한국 매출	354억 9,108만 원
한국 인원	187명
홈페이지	http://www.ipsoskorea.com
채용사이트	http://www.ipsoskorea.com
이메일	recruit.kr@ipsos.com
문의	02-6464-5100

☑ foreign affiliated
013

보테가베네타코리아㈜

Bottega Veneta

제품/서비스	보테가베네타 브랜드 가방, 의복 및 액세서리 수입 및 판매 등
회사 소개	» 업계 상위 1위(2015년 기준) » Kering 그룹의 일원으로 공정하고 정직하며 창조적인 사람들로 구성 » 직원이 전문가로 성장하는 데 밑거름이 될 최적의 자원과 교육 기회 제공 » 창의와 혁신을 북돋우기 위해 노하우를 통합하는 능력을 지지하고 커리어의 발전 도모 » 이탈리아의 밀라노와 비첸자에 본사를 둔 글로벌 기업으로서 유럽, 미주, 아시아, 호주 및 일본 등지에서 다양한 기회 제공 » 20여 개국에서 온 다양한 문화배경을 가진 사람들과 팀을 이루어 근무
본사 국가	스위스(Switzerland)
글로벌 설립	1966년
글로벌 매출	1조 5,602억 2,664만 원(2015년 기준)
글로벌 인원	—
한국 주소	서울 강남구 청담동 도산458빌딩12층
한국 설립	2002년
한국 매출	995억 6,392만 원(2015년 기준)
한국 인원	222명
홈페이지	http://www.bottegaveneta.com
채용사이트	—
이메일	—
문의	—

foreign affiliated 014

다이맥스코리아

Dymax Corporation

제품/서비스	유체 도포 시스템 제조업
회사 소개	» 고성능 광경화 접착제, 코팅제, 올리고머, 광경화 장비 및 유체 도포 시스템의 선도적인 제조 » 주요 사업 분야: 의료, 전기, 광학, 항공우주, 자동차, 가전기기, 금속가공 및 대체에너지 시장 » 주요 제품: 접착제, 코팅제, 봉지제, 가스켓제, 마스킹제 및 포팅제 등 » 자동 및 수동 도포 시스템은 모든 유형의 저점도-중점도 도포에 사용 가능 » 설계 단계에서 성능 테스트에 이르기까지 가장 복잡한 어플리케이션 문제점을 해결할 수 있도록 제조업체 지원, 극심한 환경에서 비용을 절감하는 조립 솔루션을 제조업체에 제공 » 30개 이상의 기술 특허 보유 » 독일, 중국, 홍콩, 대한민국 및 싱가포르 등지에 지사 보유
본사 국가	미국(U.S)
글로벌 설립	1980년
글로벌 매출	—
글로벌 인원	250명
한국 주소	경기 성남시 분당구 삼평동 유스페이스2 A동 5층
한국 설립	2010년
한국 매출	—
한국 인원	—
홈페이지	http://www.dymax.com/kr
채용사이트	https://www.dymax.com/index.php/kr/home-kr/careers
이메일	tkim@dymax.com
문의	02-784-3434

foreign affiliated 015

(유)나이키코리아

Nike, Inc.

제품/서비스	스포츠 의류, 용품, 잡화
회사 소개	» 1988년 이후부터 '저스트 두 잇(JUST DO IT)'이라는 마케팅 활동을 펼치며 세계적인 브랜드로 성장 » 글로벌 브랜드 컨설팅사인 인터브랜드(Interbrand)에서 선정한 '글로벌 100대 브랜드(Best Global Brands 100)'에 매년 상위권 랭킹 » 전 세계 스포츠 용품 브랜드 중에서 가장 높은 브랜드 가치 보유 » 나이키코리아는 1986년에 설립된 회사로 스포츠 의류, 스포츠 용품 도매사업 운영 » 2014년 기준 5년 연속 흑자 기업
본사 국가	미국(U.S)
글로벌 설립	1964년
글로벌 매출	35조 4,971억 6,000만 원
글로벌 인원	62,600명
한국 주소	서울 강남구 역삼1동 737 강남파이낸스센터 30, 31, 33층
한국 설립	1986년
한국 매출	650억 3,417만 원(2014년 기준)
한국 인원	204명
홈페이지	http://www.nike.com/kr/ko_kr
채용사이트	https://jobs.nike.com
이메일	HR.NikeKorea@nike.com
문의	02-2006-5700

foreign affiliated
016

헤이컨설팅그룹

Hay Group

제품/서비스	인사/조직 컨설팅
회사 소개	» 세계 최초 인사/조직 컨설팅사로, 직무평가 도구 및 역량 개념을 수립하는 등 HR의 혁신적인 방법론과 진단도구를 세계 최초로 개발 » 최근 조사된 Vault Ranking에서 Asia & Europe 내 Best HR Practice Firm으로 선정 » 고객사: 민간, 공공, 비영리 분야 등 모든 주요 산업군 » 한국 지사 해당 동종업계에서 가장 독보적인 실적 » 2015년 Korn Ferry와 합병 ※ 아래 글로벌 매출과 인원은 Korn Ferry의 정보
본사 국가	미국(U.S)
글로벌 설립	1943년
글로벌 매출	1조 5,613억 6,000만 원
글로벌 인원	7,000명(2016년 기준)
한국 주소	서울시 종로구 청계천로 41 영풍빌딩 11층
한국 설립	2004년
한국 매출	—
한국 인원	—
홈페이지	http://www.haygroup.co.kr
채용사이트	http://www.haygroup.com/kr/
이메일	ellie.ko@kornferry.com
문의	02-2003-6772

☑ foreign affiliated

017

㈜본보야지

EVASION

제품/서비스	해외 호텔 예약 소셜커머스
회사 소개	» 2011년 외국투자기업으로 설립, 대표자 에드몽 위그 제라르 » ㈜본보야지에서 운영하는 온라인사이트 에바종(www.evasion.co.kr)은 회원제로 운영되는 럭셔리 & 디자인 호텔 예약 사이트 » '여행도 스타일 있고 스마트하게'라는 콘셉트 하에 25~45세 FIT 여행객을 타깃 » 현재 전 세계 350개 이상 호텔 단독 계약 체결, 20만 명 이상의 회원을 보유하고 연평균 300% 성장률 » 고객의 니즈와 트렌드를 파악, 까다롭게 엄선한 세계 곳곳의 호텔과 리조트를 소셜커머스 형태로 고객에게 소개 » 천편일률적인 패키지 여행에서 벗어나 특별한 여행을 제시함으로써, 국내 여행업계의 패러다임을 바꾸며 빠르게 성장하는 중
본사 국가	한국(South Korea)
글로벌 설립	2011년
글로벌 매출	–
글로벌 인원	20명
한국 주소	서울 중구 정동 1-28 신아기념관 3층
한국 설립	2011년
한국 매출	–
한국 인원	20명
홈페이지	http://www.evasion.co.kr/
채용사이트	http://www.evasion.co.kr/bbs/board.php?bo_table=recruit
이메일	recruit@evasion.co.kr
문의	–

foreign affiliated 018

한국머크

Merck

제품/서비스	제약, 화학, 시약, OLED, LCD, 안료, 생명과학사업
회사 소개	»» 1668년 설립, 세계에서 가장 오래된 역사를 가진 의약 및 화학 회사 »» 1989년에 설립된 한국머크는 제약산업, 최첨단 생명과학 및 시약사업, OLED, LCD 액정, 기능성 화장품 원료 및 안료사업 등과 같은 경쟁력을 가진 산업을 중심으로 투자를 지속하여 사업 확장 예정 »» 1999년 태동된 한국 내 의약사업부는 2007년 본사의 스위스 생명과학사 인수 방침에 따라, 한국에서도 세로노 한국 지사 인수를 성공적으로 완료하고 머크 주식회사 산하의 머크 세로노 의약사업부로 통합 »» 우수고용협회(Top Employer Institue)로부터 '2017 한국 최고 고용 기업'과 '2017 아태지역 최고 고용 기업' 인증 획득
본사 국가	독일(Germany)
글로벌 설립	1668년
글로벌 매출	15조 7,357억 8,507만 원
글로벌 인원	50,000명(2016년 기준)
한국 주소	서울 강남구 대치동 942-10 해성2빌딩 4층
한국 설립	1989년
한국 매출	1,710억 3,302만 원
한국 인원	679명(2017년 기준)
홈페이지	http://www.merck.co.kr
채용사이트	http://www.merck.co.kr/ko/careers/careers.html
이메일	Recruit5@merck.co.kr
문의	02-2185-3975

☑ foreign affiliated
019

한국베링거인겔하임

Beoringer ingelheim

제품/서비스	제약
회사 소개	» 세계 20대 제약회사 중 하나로 47,500명 이상의 직원이 전 세계 145개의 지사에 근무 » 1885년 설립 이래 가족 운영체제를 유지 » 인체의약품과 동물약품 분야에서 최상의 치료 가치를 전달하는 의약품들을 연구, 개발, 생산 및 마케팅 하는 데 주력 » 한국베링거인겔하임은 1976년 독일과 합작투자로 탄생 » 사업 분야: 처방 의약품, 동물약품, 바이오 의약품 등
본사 국가	독일(Germany)
글로벌 설립	1885년
글로벌 매출	1조 6,306억 3,320만 원(2014년 기준)
글로벌 인원	47,500명
한국 주소	서울 중구 남대문로5가 연세세브란스빌딩 16층
한국 설립	1976년
한국 매출	2,355억 5,121만 원
한국 인원	264명
홈페이지	http://www.bikr.co.kr
채용사이트	https://www.bikr.co.kr/careers/careers/Talent
이메일	recruitment.seo@boehringer-ingelheim.com
문의	02-709-0112-4

foreign affiliated 020

에이에스엠엘코리아

ASML

제품/서비스	반도체 리소그래피 시스템
회사 소개	» 반도체 리소그래피 시스템 분야의 세계적인 선두주자 » 집적회로를 실리콘에 프린팅하는 최첨단 기술을 제공하는 네덜란드 기업 » 현재 16개국 70여 개의 도시에서 14,000여 명 이상의 직원들이 협력하여 근무 » 80개 이상 국적의 다양한 경력과 전문성을 갖춘 직원들이 긴밀히 협력하여 제품을 개발하는 다원화된 조직 » 1996년 한국에 창설, 첫 장비 도입 후 얼마 되지 않아 국내 반도체 생산업체들에게 ASML의 기술력을 인정받음 » 국내 굴지의 반도체 생산 기업들과 함께 우수한 반도체 생산을 하는 데에 핵심적인 공헌
본사 국가	네덜란드(Netherlands)
글로벌 설립	1984년
글로벌 매출	8조 3,297억 1,576만 원(2016 년 기준)
글로벌 인원	15,910명(2016 년 기준)
한국 주소	경기도 화성시 동탄면 중리 372
한국 설립	1996년
한국 매출	4,292억 4,400만 원
한국 인원	910명
홈페이지	https://www.asml.com
채용사이트	https://www.facebook.com/ASMLKR
이메일	korearecruit@asml.com
문의	031-379-1500

☑ foreign affiliated
021

노보노디스크제약

Novo Nordisk

제품/서비스	의료, 제약
회사 소개	» 당뇨 관리의 선두주자, 90년에 걸쳐 혁신과 리더십을 가진 글로벌 의료 전문회사 » 지혈 관리, 성장호르몬 요법 및 호르몬 대체요법 분야에서도 선두 위치 » 덴마크에 본사를 두고, 세계 77개국에 42,000명의 직원을 두고, 165개국 이상의 나라에 제품을 판매 » 회사의 B 주식은 나스닥 코펜하겐(Novo-B)에 상장되어 있으며, ADR은 뉴욕증권거래소(NVO)에 상장 » 1994년 한국에 설립, 저혈당 위험을 낮춘 기저인슐린 트레시바를 비롯한 기존 빅토자, 레버미어, 노보레피드 등 국내 인슐린 시장 주도
본사 국가	덴마크(Denmark)
글로벌 설립	1923년
글로벌 매출	1조 3,782억 3,644만 원
글로벌 인원	41,571명(2016년 기준)
한국 주소	서울 송파구 신천동 7-11 한국광고문화회관 16층
한국 설립	1994년
한국 매출	770억 1,354만 원
한국 인원	118명
홈페이지	http://www.novonordisk.co.kr
채용사이트	http://www.novonordisk.co.kr/careers.html
이메일	jobkor@novonordisk.com
문의	02-2188-8900

foreign affiliated
022

포르쉐코리아

Porsche Group

제품/서비스	자동차 유통
회사 소개	» 독일의 명품 차량 제조사 » 주요 제품: 스포츠카, SUVs, 세단 » 2014년 포르쉐코리아 설립 » 자본금 3억 7,500만 원, 매출액 4,068억 4,523만 원, 사원수 35명 규모의 외국투자기업 » 서울 강남구 대치동에 위치, 자동차 도소매 유통 관리사업 운영
본사 국가	독일(Germany)
글로벌 설립	1931년
글로벌 매출	25조 9,429억 5,840만 원
글로벌 인원	24,481명
한국 주소	서울 강남구 대치동 949-11 포르쉐 타워 5층
한국 설립	2014년
한국 매출	4,068억 4,523만 원
한국 인원	35명
홈페이지	http://www.porsche.com/korea/ko
채용사이트	http://www.porsche.com/korea/ko/aboutporsche/jobs
이메일	recruiting@porsche.co.kr
문의	02-2055-9110

☑ foreign affiliated
023

엘브이엠에치코스메틱스

LVMH P&C

제품/서비스	화장품, 향수
회사 소개	» 1971년, Hennessey 꼬냑 인수를 시작으로 탄생한 프랑스의 모에 헤네시(Moet Hennessey)사는 Christian Dior 향수를 넘겨받으면서 본격적인 명품 브랜드 인수 합병 시작 » 1987년, Louis Vuitton을 끌어오면서 지금의 LVMH(Louis Vuitton Moet Hennessy) 그룹으로 탄생 » 끊임없이 명품 브랜드들을 인수, 현재 Christian Dior, Liouis Vuitton, Givenchy, Guerlain, Kenzo, Celine, Christian Lacroix, Donna Karan, Sephora 등 수십 개의 브랜드 보유 » 한국 LVMH는 LVMH 그룹의 향수 및 화장품 계열의 100% 외투법인 한국 지사이며 향수 및 화장품 브랜드
본사 국가	프랑스(France)
글로벌 설립	1987명(인수합병)
글로벌 매출	43조 7,254억 9,056만 원
글로벌 인원	120,000년
한국 주소	서울시 종로구 종로 3길 17 광화문 D타워 11층
한국 설립	1994년
한국 매출	1,297억 5,782만 원(2009년 기준)
한국 인원	480명
홈페이지	https://www.lvmh.com
채용사이트	https://www.lvmh.com/talents/work-with-us/job-offers
이메일	—
문의	—

☑ foreign affiliated
024

랄프로렌코리아

Ralph Lauren Corporation

제품/서비스	의류, 잡화
회사 소개	» 1967년, 랄프 로렌(Ralph Lauren)이 'Polo fashions'라는 브랜드명의 넥타이 사업으로 시작 » 1968년, 고급 남성복으로 확장, 독립적인 회사로 발전 » 1971년, 폴로 매장으로만 구성된 복합매장을 고안, 뉴욕에 첫 매장 오픈 » 유럽에 매장을 소유한 최초의 미국 디자이너(1981년 런던 매장) » 1993년, 폴로스포츠 브랜드 출시와 함께 폴로스포츠 매장을 뉴욕 72번가 매장 건너편에 오픈 » 1997년, 뉴욕 주식시장 주식 공개 » 현재 43개의 프리스탠딩 매장 및 76개의 해외 매장, 전 세계 4,500여 개의 복합매장 » 남성복,여성복,아동복, 액세서리, 홈퍼니싱 및 향수에 이르기까지 라인 확대 » 브랜드: Polo, Ralph, Purple label, Collection, Polo Sport, Lauren, Polo Jeans 등
본사 국가	미국(U.S)
글로벌 설립	1967년
글로벌 매출	8조 4,878억 원
글로벌 인원	23,000명(2014년 기준)
한국 주소	서울 강남구 논현동 POBA 강남타워 18~19층
한국 설립	2006년
한국 매출	2,062억 9,673만 원
한국 인원	295명
홈페이지	https://www.ralphlauren.co.kr/ko
채용사이트	—
이메일	krrec@ralphlauren.com
문의	02-6004-0018

☑ foreign affiliated
025

한국지멘스

Siemens

제품/서비스	전기,전자, 제어
회사 소개	» 독일 베를린과 뮌헨에 본사를 둔 세계적인 전기전자 기업 » 발전, 송/변전, 스마트 그리드 솔루션, 전력 에너지의 효율적인 어플리케이션에 이르기까지 전력화 가치 체인 전반, 메디칼 영상, 임상 진단 분야의 글로벌 선도기업 » 전자화, 자동화, 디지털화 영역에 핵심역량을 집중, 에너지 효율을 높이고 자원을 아끼는 친환경 기술 선두주자 » 해상 풍력 터빈 분야에서 전 세계 1위이며, 복합화력발전 터빈 분야에서 시장을 선도 » 발전소 전력을 공장이나 가정 등 수송하는 송전을 비롯해 도시 인프라, 자동화 및 산업용 S/W 영역도 시장 선도 » 컴퓨터 단층촬영, 자기공명영상시스템과 같은 의료영상기기, 연구실용 진단장비, 클리닉 IT 분야 업계 리더
본사 국가	독일(Germany)
글로벌 설립	1847년
글로벌 매출	97조 5,056억 4,120만 원
글로벌 인원	351,000명(2016년 기준)
한국 주소	서울특별시 서대문구 충정로 23 풍산빌딩
한국 설립	1989년
한국 매출	1조 7,900억 원
한국 인원	2,100명
홈페이지	https://www.siemens.com.kr
채용사이트	https://jobsearch.siemens.biz/career?company=Siemens&rcm_site_locale=ko_KR
이메일	recruit.kr@siemens.com
문의	02-3450-7091

foreign affiliated
026

인터브랜드

Interbrand

제품/서비스	경영 컨설팅, 기업 로고 디자인
회사 소개	» Omnicom Group 계열의 세계 최대 브랜드 컨설팅 회사 » 세계적인 권위를 인정받은 브랜드 가치평가를 비롯하여 브랜드 전략, 네이밍, 커뮤니케이션, 브랜드 디자인 등 브랜드 관련 전 분야에서 최상의 브랜드 컨설팅 서비스 제공 » 전 세계 28개국 40개 Offices와 1,300여 명의 브랜드 전문가들로 구성된 글로벌 네트워크 보유 » 30여 년 동안 Coca Cola, Sony, BMW 등 세계적인 기업들과 함께 수많은 브랜드 관련 프로젝트들 수행 » Interbrand 한국 법인은 업계 리더로서 국내 시장 현황에 기반한 세계적 수준의 브랜드 컨설팅 서비스 제공
본사 국가	미국(U.S)
글로벌 설립	1974년
글로벌 매출	—
글로벌 인원	—
한국 주소	서울 강남구 논현2동 현대인텔렉스빌딩 6층
한국 설립	1994년
한국 매출	68억 9,273만 원
한국 인원	50명
홈페이지	http://interbrand.com
채용사이트	https://jobs.lever.co/interbrand
이메일	career@interbrand.com
문의	02-515-9150

foreign affiliated
027

케이던스코리아(유)

Cadence

제품/서비스	EDA 소프트웨어/시스템 소프트웨어 개발 및 공급입
회사 소개	» 1990년 3월 Cadence Design Systems Inc. 한국 현지법인으로 설립 » 직원의 80% 이상이 R&D 및 기술영업 인력 » 현재 국내 반도체, 전자기반 산업체에 필요한 디자인 서비스와 기술을 제공하는 국내 전자산업의 중요 파트너 » '대한민국 일하기 좋은 100대 기업'에서 2014,2015년 연속하여 대상 수상 » 전 세계 반도체, 통신장비, 멀티미디어 및 가전제품 회사에 EDA 소프트웨어와 디자인 서비스 제공 » 세계 주요지역에 현지법인, 연구소, 디자인센터 보유, 미국 산호세 본사
본사 국가	미국(U.S)
글로벌 설립	1988년
글로벌 매출	22억 2,205만 7,600원
글로벌 인원	—
한국 주소	경기 성남시 분당구 삼평동 688-1 엠텍IT타워 9층
한국 설립	1990년
한국 매출	113억 1,221만 원(2013년 기준)
한국 인원	113명
홈페이지	cadence.com/kr/pages/default.aspx
채용사이트	https://cadence.wd1.myworkdayjobs.com/External_Careers
이메일	—
문의	031-728-3086

foreign affiliated
028

퀴아젠
QIAGEN

제품/서비스	의료, 정밀 및 과학기기 도매업
회사 소개	» 전 세계 바이오테크놀로지 선두기업 중 하나 » 주요 기술: molecular sample과 assay technologies » 주요 제품: digene HC2 High-Risk HPV DNA Test(FDA 승인 & CE 마크) » 500개가 넘는 제품군 2,000개 이상의 특허와 라이선스 보유
본사 국가	네덜란드(Netherlands)
글로벌 설립	1984년
글로벌 매출	1조 5,674억 3,160만 원
글로벌 인원	4,600여 명
한국 주소	서울 중구 남대문로5가 541번지 서울스퀘어 5층
한국 설립	2006년
한국 매출	244억 6,717만 원
한국 인원	60명
홈페이지	https://www.qiagen.com/kr
채용사이트	https://www.qiagen.com/kr/careers
이메일	—
문의	02-2626 5784

foreign affiliated 029

IMS Health Korea

IMS Health

제품/서비스	의약품 시장조사, 컨설팅, 제약 관련 컨설팅, 마케팅 기법 교육
회사 소개	» 1954년 미국에서 설립, 현재 100여 개국에서 1만여 명의 전문가들이 활동하고 있는 세계 최고 수준의 헬스케어 데이터 통계 분석 및 컨설팅 서비스 회사 » 보건의료 분야의 기관들이 정확한 정보를 기반으로 의사결정과 실행을 할 수 있게 지원 » 10만 개가 넘는 공급처로부터 제공되는 450억 개 이상의 보건의료 관련 자료를 취합, 분석 » 익명이 보장되는 헬스케어 데이터를 활용하여, 이를 통해 질병 및 치료와 관련된 중요한 인사이트를 제공 » 바이오테크 기업, 제약사, 의료 연구기관, 정부기관 및 그 밖의 헬스케어 관계자 등 세계 5,000여 곳이 넘는 보건의료 분야의 고객들을 위해 최고의 컨설팅 제공
본사 국가	미국(U.S)
글로벌 설립	954년(Intercontinental Marketing Services로 설립)
글로벌 매출	3조 360억 원
글로벌 인원	14,000명
한국 주소	서울시 중구 퇴계로 173 남산스퀘어 23층
한국 설립	1997년
한국 매출	171억 3,957만 원
한국 인원	—
홈페이지	http://www.imshealth.com
채용사이트	http://www.imshealth.com/ko_KR/about-us/careers
이메일	shjoe@kr.imshealth.com
문의	02-3459-7312

☑ foreign affiliated
030

㈜페르노리카코리아

Perno Ricard

제품/서비스	수입 양주
회사 소개	» 세계 2대 Wine & Spirits 메이커인 프랑스의 페르노리카(Pernod Ricard) 그룹의 한국 지사 » 위스키(발렌타인, 임페리얼, 시바스리갈, 로얄살루트, 더글렌리벳 등), 와인(제이콥스 크릭, 몬타나), 리큐르(깔루아, 말리부) 등 완벽한 Portfolio 제품을 공급 » 국내 수입 양주 시장에서 독보적인 우위 » 기업의 사회적 책임을 강조하며 무분별한 음주를 방지하고 책임 음주를 장려하기 위해 활발한 캠페인과 사회공헌 활동을 진행 중(스마트 드라이빙, 체크메이트, 임산부 금주 캠페인 등)
본사 국가	프랑스(France)
글로벌 설립	1975년
글로벌 매출	9조 3,546억 4,985만 원
글로벌 인원	18,230명
한국 주소	서울 서초구 서초동 1328-3 나라빌딩 21층
한국 설립	1992년
한국 매출	1,055억 7,518만 원
한국 인원	240명
홈페이지	http://www.pernod-ricard-korea.com
채용사이트	http://www.pernod-ricard-korea.com/contact-us
이메일	Recruit@pernod-ricard.com
문의	02-3466-5736

☑ foreign affiliated
031

싸토리우스코리아바이오텍

Sartorius AG

제품/서비스	바이오 공정, 개발, 연구, 서비스
회사 소개	» 생물의약품 개발, 품질 관리, 생산 공정 등에 관련된 첨단 장비와 기술을 제공하는 세계적인 기업 » 바이오 제약사들이 바이오 시밀러 및 백신과 같은 바이오 의약품을 개발 및 생산할 수 있도록 연구, 개발, 전임상, 발효 및 세포 배양, 정제, 여과 등에 관련된 통합된 기반 기술을 제공 » 특히 차세대 핵심기술인 Single Use Technology와 센서 테크놀로지와 같은 고부가 가치 기술의 핵심역량 보유 » 공장설계 분야에서도 유수의 해외 엔지니어링, 건축회사와의 파트너십을 통해 토탈 솔루션 제공 » 부설연구소를 통해 공정 개발 및 밸리데이션 서비스와 고객의 요구에 맞춘 교육 및 컨설팅 서비스도 제공
본사 국가	독일(Germany)
글로벌 설립	1870년
글로벌 매출	1조 907억 8,424만 원
글로벌 인원	5,611명(2014년 기준)
한국 주소	경기도 성남시 분당구 판교역로 220 쏠리드스페이스 8층
한국 설립	2005년
한국 매출	553억 627만 원
한국 인원	—
홈페이지	http://www.sartorius.co.kr
채용사이트	http://www.sartorius.co.kr/career/lists
이메일	recruit@sartorius.co.kr
문의	031-622-5700

☑ foreign affiliated 032

에델만코리아

Edelman

제품/서비스	광고, 홍보, 전시
회사 소개	» 세계 최대 PR 기업 » 명성 관리 컨설팅, 관계 관리 컨설팅, 이슈 및 위기 관리 컨설팅, 기업 PR, 소비자 마케팅, CEO 포지셔닝, 사내 커뮤니케이션, 브랜드 관리 등 기업 경영 및 신뢰 구축을 위한 전략적 커뮤니케이션 컨설팅 제공 » 광고대행사 Blue를 인수, 인하우스 조사연구 전문기관인 Edelman Berland를 설립, 디지털 시대에 발맞춘 Edelman Digital 구축 » 엔터테인먼트 마케팅 및 컨텐츠 회사 MATTER, Funny or Die, 영화 단체인 Sundance 등 다양한 분야의 전문기관들과 합병, 협업
본사 국가	미국(U.S)
글로벌 설립	1952년
글로벌 매출	9,832억 5,000만 원
글로벌 인원	5,849명
한국 주소	서울 중구 을지로2가 삼화타워 17/18층
한국 설립	1996년
한국 매출	158억 3,858만 원
한국 인원	120명(2017년 기준)
홈페이지	http://www.edelman.kr
채용사이트	http://www.edelman.kr/career
이메일	Careers.seoul@edelman.com
문의	02-725-2001

☑ foreign affiliated 033

로크웰코리아

Rockwell Automation

제품/서비스	가공공작기계, 공장자동화장비, 산업기계자동화부품 제조, 도매, 수입, 수리
회사 소개	» 기업이 생산 목표를 달성할 수 있도록 지원하는 산업 자동화 관련 파워, 컨트롤, 정보 솔루션을 제공하는 세계적 기업 » 제조업체가 제품과 서비스를 시장에 빠르게 출시, 비용 절감, 전력과 생산현장 자산을 효율적으로 운영하여 제조환경에서 발생하는 위험요소를 최소화할 수 있도록 자동화 설비와 전력제어시스템, 컨버전 제품, 서비스 등을 제공 » 미국 위스콘신 주 밀워키에 본사가 있으며, 전 세계 80여 개국, 450여 개 지역에 약 2만 명의 직원 » 산업자동화시스템, 소프트웨어 서비스 분야의 선두업체인 로크웰오토메이션은 북미 1위, 전 세계 3대 공장자동화업체 중의 하나
본사 국가	미국(U.S)
글로벌 설립	1903년
글로벌 매출	8조 1,025억 4,900만 원
글로벌 인원	22,500명(2014년 기준)
한국 주소	서울 강남구 논현로 430 아세아타워 6,7층
한국 설립	1991년
한국 매출	983억 8,348만 원(2016년 기준)
한국 인원	200명
홈페이지	http://www.rockwellautomation.com
채용사이트	http://careers.rockwellautomation.com
이메일	kwoo1@ra.rockwell.com
문의	02-2188-4468

foreign affiliated 034

토요타파이낸셜서비스코리아㈜

Toyota Financial Services corporation(TFSC)

제품/서비스	Operating Lease(운용리스), Financial Leases(금융리스), Installment(할부)
회사 소개	» 전 세계 Toyota 자동차가 판매되고 있는 국가 중 33개국에서 금융서비스를 제공 » Toyota Financial Services Korea는 TFSC가 한국 LEXUS/Toyota 고객들에게 토요타만의 차별화된 자동차금융서비스를 통해 한층 더 높은 고객만족을 실현시키기 위해 100% 출자하여 설립 » 토요타파이낸셜서비스는 2000년 7월에 설립된 TOYOTA group의 금융부분 지주회사이며, S&P등의 세계적으로 유명한 신용평가기관으로부터 AAA등급 판정 » 한국의 금융감독원에 등록된 여신전문 금융기관
본사 국가	일본(Japan)
글로벌 설립	1982년(호주 시드니에 최초로 설립)
글로벌 매출	—
글로벌 인원	—
한국 주소	서울 강남구 역삼동 679-4 SI Tower 24층 토요타파이낸셜서비스코리아
한국 설립	2005년
한국 매출	899억 8,859만 원(2016년 기준)
한국 인원	32명
홈페이지	http://www.tfskr.co.kr
채용사이트	—
이메일	recruit@tfskr.co.kr
문의	02-2192-6000

foreign affiliated
035

오르보텍퍼시픽

Orbotech. Ltd

제품/서비스	검시장비
회사 소개	» 이스라엘에 본사가 위치하고 있는 Orbotech. LtD의 100% 투자 한국투자법인 » PCB, LCD 및 평판디스플레이 관련 검사장비, 분석장비 및 관련 부품의 유지, 보수 및 기술용역 제공 » 국내 분당, 성남, 안산, 청주, 파주, 천안, 구미, 대전에 사무실 운영 » 검사장비 분야에서 높은 시장점유율과 고객 만족도 달성
본사 국가	이스라엘(Israel)
글로벌 설립	1981년
글로벌 매출	8,619억 8,875만 원
글로벌 인원	2,300명
한국 주소	경기 성남시 분당구 이매동 113번지
한국 설립	1994년
한국 매출	170억 559만 원
한국 인원	—
홈페이지	http://www.orbotech.com
채용사이트	https://www.orbotech.com/Careers
이메일	liana.lee@orbotech.com
문의	031-780-0900

foreign affiliated 036

박스터코리아

Baxter International Inc.

제품/서비스	의료기기(복막투석액, 인공신장기용 투석기, 혈액회로), 의약품
회사 소개	» 미국에 본사를 두고 있는 글로벌 헬스케어 기업 박스터인터내셔널(Baxter International Inc.)의 국내 법인 » 1972년 혈액투석 사업을 시작으로 국내에 진출, 1991년 국내 법인을 설립 » 의약품 및 의료기기 분야의 전문성을 바탕으로 개발된 복막투석액, 자동 복막투석기계 및 혈액투석장비, 마취제, 영양수액제 등의 의약품 및 관련 서비스를 제공 » 질병으로 고통받는 환자들과 지역사회 발전을 위해 지속적으로 다양한 사회공헌활동 중
본사 국가	미국(U.S)
글로벌 설립	1931년
글로벌 매출	11조 6,467억 9,800만 원(2016년 기준)
글로벌 인원	—
한국 주소	서울 종로구 종로1가 교보생명빌딩 10층 1001호
한국 설립	1991년
한국 매출	1,807억 1,651만 원
한국 인원	182명
홈페이지	http://www.baxter.co.kr
채용사이트	http://www.baxter.com/careers.page
이메일	shshr_seoul@baxter.com
문의	02-6262-7100

foreign affiliated
037

한국조에티스㈜

Zoetis

제품/서비스	동물제약
회사 소개	» 조에티스는 화이자로부터 분리 독립된 글로벌 동물보건 기업 » 60년의 경험을 바탕으로 약물과 백신뿐만 아니라 진단용 제품과 유전자 검사를 제공하며 다양한 서비스 지원 » 조에티스(Zoetis)에서 '조'는 동물원(Zoo), 동물학(Zoology) 등의 단어로 익숙한 Zo에서 유래하였으며, Zoetic은 '생명과 관련된'이란 뜻 » 즉, 인간의 삶을 지탱하는 동물을 키우고 보살피는 전 세계의 수의사와 축산업자들을 지원하는 기업을 의미
본사 국가	미국(U.S)
글로벌 설립	1952년
글로벌 매출	5조 5,008억 원
글로벌 인원	9,500명
한국 주소	서울 강남구 역삼동 823번지 풍림빌딩 5층
한국 설립	1995년
한국 매출	357억 2,260만 원
한국 인원	50명
홈페이지	http://www.zoetis.kr
채용사이트	https://jobs.nike.com
이메일	HRZoetisKorea@zoetis.com
문의	02-317-0000

foreign affiliated 038

힐티코리아㈜

Hilti

제품/서비스	건설 전문 솔루션
회사 소개	» 1941년, 리히텐슈타인에서 설립된 힐티그룹은 전 세계 건설전문가들에 솔루션을 제공하는 글로벌 건설전문 솔루션 회사 » 1986년 설립된 이후, 1994년 ISO 9001 인증 획득을 시작으로 꾸준히 재인증 취득 » 2010년, 레드닷 디자인어워드 우수디자인팀상 수상 » 세계적으로 최고의 성능과 내구성을 인정받고 있는 함마드릴, 브레이커 등의 전동공구를 비롯하여 레이저 시스템, 충전스크류 시스템, 다이아몬드 코아링 시스템 등 다양한 건설 공구류 제품 보유 » 기술적으로 차별화된 앵커, 핀 등의 화스너 제품, 건설방제, 건설케미컬 등의 건설 솔루션 제품군 보유
본사 국가	리히텐슈타인(Liechtenstein)
글로벌 설립	1941년
글로벌 매출	—
글로벌 인원	23,385명
한국 주소	서울시 강남구 언주로 30길 39(도곡동 467-14 SEI 타워 11층)
한국 설립	1986년
한국 매출	690억 원
한국 인원	200명
홈페이지	https://www.hilti.co.kr
채용사이트	http://careers.hilti.co.kr
이메일	recruit.kr@hilti.com
문의	080-220-2000

foreign affiliated 039

페이먼트월

Paymentwall

제품/서비스	글로벌 동합 결세 플랫폼
회사 소개	» 미국 샌프란시스코에서 시작한 온라인 결제 분야의 글로벌 리더 » 150가지 이상의 현지 결제 수단을 전 세계 200여 개 국가에서 사용 » 페이먼트월은 샌프란시스코, 암스테르담, 베를린, 키예프, 마닐라, 베이징, 리스본, 모스크바, 소피아, 포즈난, 런던, 서울, 하노이에 위치한 13개 사무실에서 25개 국적을 가진 직원들이 함께 근무 » 주요 파트너: 카카오게임즈, 스마일게이트, 웹젠, 워게이밍, LG전자, 화웨이, 텐센트 등 » 창의적이고 도전을 두려워하지 않는 기업문화 » 인재상: 성장 지향적이고 자기 자신의 잠재적인 능력을 불러일으킬 수 있는 팀원
본사 국가	미국(U.S)
글로벌 설립	2010년
글로벌 매출	–
글로벌 인원	250명
한국 주소	경기 성남시 분당구 삼평동 621 이노밸리 B 604-3
한국 설립	–
한국 매출	–
한국 인원	–
홈페이지	http://www.paymentwall.com/kr
채용사이트	https://www.paymentwall.com/careers
이메일	daniel.lee@paymentwall.com
문의	650-815-9779

foreign affiliated
040

닐슨컴퍼니코리아

The Nielsen Company

제품/서비스	리서치, 마케팅, 컨설팅
회사 소개	» 닐슨 컴퍼니는 시장 정보, 미디어 정보, 온라인 정보, 모바일 정보, 각종 출판물 [빌보드(Billboard), 헐리우드 리포터(The Hollywood Reporter), 애드위크(Adweek)] 비즈니스 시장에서 선두 지위와 유명 브랜드를 보유하고 있는 세계적인 정보 및 미디어 기업 » 전 세계에 42,000명 이상의 직원 고용, 미국 뉴욕에 본사를 두고 100개국 이상에서 비즈니스 활동 » 1980년 처음 설립된 닐슨코리아는 국내외 소비자의 소비 행태와 미디어 이용 행태, 시장 동향과 트렌드에 대한 통합적인 인사이트를 제공하는 '데이터 및 인덱스 기반의 컨설팅 파트너' » 6개 주요 산업군(CPG/Retailer/Healthcare, Media, Public Sector Enterprise, Technology/Telecom, Auto, Emerging)의 특성에 최적화된 인사이트를 제공
본사 국가	미국(U.S)
글로벌 설립	1923년
글로벌 매출	7조 215억 원
글로벌 인원	44,000명
한국 주소	서울 중구 중림동 491 센트럴플레이스빌딩
한국 설립	1980년
한국 매출	620억 원
한국 인원	500명
홈페이지	http://kr.nielsen.com
채용사이트	http://careers.nielsen.com
이메일	recruit.kr@nielsen.com
문의	02-2122-7000

foreign affiliated
041

EY한영

EY

제품/서비스	회계 법인 / 경영 컨설팅, 소프트웨어 자문 개발 및 공급
회사 소개	» 1989년, Arthur Young과 Ernst & Whinney의 합병으로 Ernst & Young 설립 » EY는 EY의 글로벌 조직, 언스트앤영 글로벌 유한회사(Ernst & Young Global Limited: 이하 'EYG')에 소속되어 독립 법인으로서 지위를 갖는 1개 이상의 회원 법인을 의미 » 전 세계 150개 국가에 걸쳐 22만 명의 회계 감사, 세무, 재무 자문, 어드바이저리 서비스 전문가들이 활동 » 회계 · 컨설팅 분야의 글로벌 리더 » 약 1,700명의 전문가들이 강력한 글로벌 네크워크를 통해 풍부한 지식과 경험을 공유하며 탁월한 서비스 제공
본사 국가	영국(United Kingdom)
글로벌 설립	1989년(Arthur Young과 Ernst & Whinney 합병)
글로벌 매출	33조 4,924억 원(2016 기준)
글로벌 인원	231,000명(2016 기준)
한국 주소	서울 영등포구 여의공원로 111 태영빌딩 4-8층
한국 설립	1982년
한국 매출	1,700명
한국 인원	70명
홈페이지	http://www.ey.com/kr
채용사이트	http://www.ey.com/kr/ko/careers
이메일	Ey-recruiting.korea@kr.ey.com
문의	02-3787-6698

☑ foreign affiliated 042

자라리테일코리아㈜

INDITEX

제품/서비스	의류, 잡화
회사 소개	» 세계 최대의 패션 유통업체인 INDITEX 산하 회사 » INDITEX는 유럽, 북남미, 아시아, 아프리카 등 총 92개국에 걸쳐 약 7,200개 매장을 운영 중 » 그룹 산하에는 ZARA 이외에도 Pull&Bear, Massimo Dutti, Bershka, Stradivarius, Oysho, Zara Home, 그리고 Uterque와 같은 다양한 브랜드가 소속 » Inditex Korea는 Inditex Group의 한국 지사로서, 2008년 한국 시장에 진출하여 지속적인 성장을 바탕으로 현재 7개의 브랜드 론칭 및 전국적으로 총 70개의 매장을 운영
본사 국가	스페인(Spain)
글로벌 설립	1974년
글로벌 매출	17조 9,908억 5,000만 원(2016 기준)
글로벌 인원	—
한국 주소	서울 강남구 삼성동 159-1 무역센터20층
한국 설립	2007년
한국 매출	2,378억 5,466만 원(2015년 기준)
한국 인원	996명
홈페이지	http://www.zara.com
채용사이트	https://www.inditexcareers.com/portalweb/en/web/joinfashion/home
이메일	hr@kr.inditex.com
문의	02-3413-9800

☑ foreign affiliated
043

콘티넨탈오토모티브코포레이션코리아

Continental AG

제품/서비스	자동차 부품(ABS, ESP, EPB, ACC, EAS, Sensors, etc)
회사 소개	» 독일계 운전 안전성, 샤시 및 파워트레인 기술, 인테리어 전자 및 자동차 통신에 사용되는 제품 및 시스템 제공 » 승용차, 경트럭, 상용차 타이머 및 산업합성고무 분야에서 세계 시장을 주도하는 글로벌 기업 » 시장과 기술 선도력은 대부분 사업 분야에서 세계 1, 2위 » 2007년, 지맨스브이디오와 합병, 글로벌 시장 경쟁력 강화 » 2011년, 〈포춘코리아〉 초고속 성장 기업 선정 » 2015년, 한국 지사 '대한민국 일하기 좋은 100대 기업' 14년 연속 수상
본사 국가	독일(Germany)
글로벌 설립	1871년
글로벌 매출	47조 5,151억 400만 원
글로벌 인원	212,000명(2016년 기준)
한국 주소	경기 성남시 분당구 삼평동 쏠리드스페이스빌딩 7층
한국 설립	1995년
한국 매출	12억 5,786만 원
한국 인원	53명
홈페이지	continental-corporation.co.kr
채용사이트	http://www.continental-jobs.com
이메일	recruiting-cae@continental-corporation.com
문의	031-697-3904

foreign affiliated
044

오티스엘리베이터

Otis Elevator Company

제품/서비스	엘리베이터, 에스컬레이터 및 무빙워크
회사 소개	» 글로벌 엘리베이터, 에스컬레이터 및 무빙워크 제조 및 유지 관리 전문기업 » 160여 년 전 세계 최초로 안전장치가 부착된 엘리베이터를 발명 » 전 세계 200여 개 국가에 제품과 서비스를 공급 및 180만 대의 엘리베이터 및 에스컬레이터의 유지 관리 » UTC(United Technologies Corp.) 전 세계적으로 항공우주 및 빌딩설비 산업 분야를 리드하는 다국적 기업 » 1910년 대한민국 최초로 화물용 엘리베이터를 한국은행에, 1914년 승객용 엘리베이터를 조선호텔에 설치 » 오티스엘리베이터코리아는 100% 한국인으로 구성, 고용 창출과 경제 활성화 및 산업 발전에 기여
본사 국가	미국(U.S)
글로벌 설립	1853년
글로벌 매출	13조 5,600억 원
글로벌 인원	65,000명
한국 주소	서울 영등포구 여의도동 10 국제금융로 Two IFC 6-8층
한국 설립	1968년
한국 매출	—
한국 인원	1,600명
홈페이지	http://www.otis.com/site/kr/Pages/default.aspx
채용사이트	http://www.jobkorea.co.kr/ 접속 후 '오티스엘리베이터' 검색
이메일	recruit_oek@otis.com
문의	02-2007-5800

☑ foreign affiliated
045

디아지오코리아

Diageo

제품/서비스	주류
회사 소개	» 본사 영국 런던, 전 세계 180여 개국에서 영업활동 » 다양한 최상급 브랜드들을 제공하는 세계 최대의 주류회사이자 Global Company » 디아지오와 씨그램 주류사업 부문 합병, 씨그램코리아 조직 통합하여 디아지오코리아로 출범 » 현재 국내 위스키시장을 선도 » 비전: "최고의 인재들과 최상의 브랜드로 항상 사랑받는 1등 주류회사" » 주요 브랜드: Windsor12, Windsor17, Dimple, Johnnie Walker, Crown Royal, Baileys, Smirnoff, Gordons 등
본사 국가	영국(United Kingdom)
글로벌 설립	1997년
글로벌 매출	15조 1,145억 1,953만 원
글로벌 인원	33,000명(2016년)
한국 주소	서울 강남구 역삼동 737 강남파이낸스센터 32층 디아지오코리아
한국 설립	2002년
한국 매출	4,000억 원
한국 인원	350명
홈페이지	http://www.diageo.co.kr
채용사이트	http://www.diageo.co.kr/@page/people/recruit_guide.html
이메일	Recruitment.Korea@diageo.com
문의	02-2112-1400

foreign affiliated 046

(주)룩소티카코리아

Luxottica Group

제품/서비스	아이웨어 관련 유통 및 마케팅
회사 소개	» 2005년, 세계적인 아이웨어 제조사인 이태리 룩소티카그룹(Luxottica Group)이 한국에 설립한 자회사 » 이태리 룩소티카 그룹은 Ray-Ban과 Oakley, Persol, Vogue 등의 하우스브랜드를 보유 » 다수의 세계적인 디자이너 브랜드와의 라이센스 계약을 통해 라이센스 브랜드 아이웨어를 생산 및 유통(CHANEL, TIFFANY, BVLGARI, DOLCE&GABBANA, PRADA, BURBERRY 등) » 룩소티카 그룹이 소유한 약 6,400여 곳의 소매체인인 Lens Crafter, Pearle Vision, Sunglass Hut 등의 최다 유통망을 통해 '생산부터 판매'를 모토로 아이웨어 업계 부동의 No.1 기업으로 평가 » 룩소티카코리아는 현재 1,200곳에 해당하는 국내 로드샵(안경원)에 물건을 공급 » 2010년부터 럭셔리 및 프리미엄 패션 브랜드의 주요 소비 채널인 국내 백화점 25곳과 면세점까지 확대
본사 국가	이탈리아(Italy)
글로벌 설립	1961년
글로벌 매출	12조 3,524억 4,697만 원
글로벌 인원	79,000명
한국 주소	서울 강남구 삼성동 145-18 구구빌딩 8층
한국 설립	2005년
한국 매출	519억 6,293만 원
한국 인원	—
홈페이지	http://www.luxottica.com
채용사이트	https://jobs.luxottica.com
이메일	—
문의	02-501-4553

☑ foreign affiliated
047

한국몰렉스(유)

Molex

제품/서비스	커넥터, 스위치, 소켓
회사 소개	» 혁신적인 최첨단 커넥션 솔루션을 보다 신속하게 고객에게 제공하는 글로벌 커넥터 제조 기업 » 전자산업 전 분야에 필요한 커넥터를 설계, 생산, 공급하는 전자솔루션 제공 전문 » 모바일, 가전, 컴퓨터 및 자동차용 커넥터 등 4,500여 종의 커넥터를 생산, 한국의 주요 업체들에 공급 » 고객 중심 경영과 투명 경영 원칙
본사 국가	미국(U.S)
글로벌 설립	1938년
글로벌 매출	5조 321억 1,600만 원(2013년 기준)
글로벌 인원	36,000명
한국 주소	경기 안산시 단원구 산단로 169
한국 설립	1984년
한국 매출	3,043억 7,141만 원(2014년 기준)
한국 인원	601명(2014년 기준)
홈페이지	http://www.korean.molex.com
채용사이트	http://www.korean.molex.com/molex/about/CompanyInfoMolex.action
이메일	molexhr@molex.co.kr
문의	031-490-5803

foreign affiliated
048

티유브이슈드코리아(주)

TÜV SÜD

제품/서비스	기술 솔루션
회사 소개	» 독일 TUV SUD Group 한국 법인 » TUV SUD Group은 전 세계 600여 곳에 16,000명 이상의 전문성을 갖춘 직원들과 함께 Industry, Mobility 및 Certification 산업 부서를 두고 기술 서비스를 제공하는 종합기술 솔루션 제공 업체 » TUV SUD Korea는 현재 각종 산업군에 다양한 기술 서비스 솔루션 제공(고객: 삼성, LG, 대우, 현대, 두산중공업) » 제공 서비스: 전기전자 및 정보통신, 의료기기, 자동차, 중공업 설비, 철도, 산업 설비, 승강기, 반도체 등의 산업군에 걸쳐 제품 인증, 경영시스템 인증, 기술 보고서, 인증마크, 안전 평가, 환경 서비스 등 » 1866년 당시 '증기 보일러 검사협회'로 설립되었으며, 현재는 미래 지향적인 글로벌 기업으로 발돋움
본사 국가	독일(Germany)
글로벌 설립	1866년
글로벌 매출	3조 751억 8,200만 원
글로벌 인원	22,000명
한국 주소	서울 영등포구 국제금융로 10, Two IFC 29층
한국 설립	1998년
한국 매출	364억 6,470만 원
한국 인원	—
홈페이지	http://www.tuv-sud.kr
채용사이트	http://www.tuv-sud.kr/kr-kr/careers/your-opportunities
이메일	—
문의	02-6715-2804

foreign affiliated 049

한국필립모리스㈜

Philip Morris International

제품/서비스	담배
회사 소개	» 1988년 국내에 진출, 1989년 4월 필립모리스인터내셔널의 한국 내 담배 사업을 담당하며 현지 법인으로 정식 설립 » 현재 서울 본사와 양산 공장, 전국의 영업 사무소에서 700여 명의 직원 근무 » 2003년 〈아시아 월스트리트 저널〉과 휴잇어소시어츠가 공동 실시한 '가장 일하기 좋은 직장 베스트10' 선정 » 세계적 브랜드 말보로를 비롯해 팔리아멘트, 버지니아 S., 라크 등 우수한 품질의 담배를 국내에서 직접 제조 및 판매
본사 국가	미국(U.S)
글로벌 설립	1900년
글로벌 매출	89조 5,985억 6,100만 원
글로벌 인원	82,500명(2014년 기준)
한국 주소	서울특별시 영등포구 국제금융로 10 여의도동 원아이에프씨 25층
한국 설립	1989년
한국 매출	8,108억 7,054만 원
한국 인원	721명
홈페이지	http://www.pmi.com/ko_kr
채용사이트	https://www.pmi.com/careers/overview
이메일	Resourcing.PMK@pmi.com
문의	02-3707-0883

foreign affiliated
050

㈜재규어랜드로버코리아

Jaguar Land Rover Automotive PLC

제품/서비스	승용차량 부품 및 액세서리 판매, 자동차 정비 서비스 외
회사 소개	» 1922년, 재규어는 스왈로우 사이드 카(Swallow Side Cars)로 출발해 2차 세계대전 이후 세계적인 회사로 성장, 상대적으로 낮고 긴 재규어의 차체는 '아름다운 고성능(Beautiful Fast Car)'이라는 브랜드 아이덴티티 성립 » 랜드로버는 세계 최고의 럭셔리 SUV 메이커, 4륜구동 최초의 전자식 에어서스펜션, 알루미늄 V8 엔진, 최초의 4채널 ABS 브레이크, 급사면 속도제어장치(HDC), 전자동 지형반응 시스템(Terrain Response System) 등 끊임없이 첨단기술 개발 » 2001년, PAG 산하로 ㈜재규어랜드로버코리아 설립, 2008년 재규어랜드로버코리아로 독립 출범 » 2003년, 정통 프리미엄 세단인 재규어와 랜드로버 통합 운영 발표 후 현재까지 마케팅, 판매망 공유
본사 국가	영국(United Kingdom)
글로벌 설립	2008년
글로벌 매출	26조 6,944억 6,016만 원
글로벌 인원	37,005명(2016년 기준)
한국 주소	서울시 중구 을지로5길 26 미래에셋 센터원빌딩 동관 13층
한국 설립	2008년
한국 매출	7,476억 2,109만 원
한국 인원	57명
홈페이지	http://www.landroverkorea.co.kr
채용사이트	—
이메일	applyjlr@jaguarlandrover.com
문의	02-2071-7000

☑ foreign affiliated 051

칼자이스코리아㈜

Carl Zeiss AG

제품/서비스	전자 및 광학장비
회사 소개	» 1846년에 설립되어 170년 이상의 역사 속에 독일 장인정신의 전통을 갖춘 세계 최고의 광학장비 제조업체 » 전자현미경, 산업용 측정기, 광학현미경 및 안과 장비 등의 첨단 정밀광학제품을 개발, 세계 리더 자리 유지 » 유럽, 북중미 및 아시아에 13개의 제조 공장 보유 » 전 세계 약 30개국의 지사와 100개국의 영업조직에서 24,000여 명의 직원이 근무 » 칼자이스코리아는 현재 100% 독일 투자 법인 » 일반 광학현미경, 전자현미경, 의료 진단 및 수술 장비, 삼차원 측정기 사업 분야 1,300억 매출 달성(2016년)
본사 국가	독일(Germany)
글로벌 설립	1846년
글로벌 매출	5조 4,211억 1,020만 원
글로벌 인원	24,946명
한국 주소	서울 마포구 상수동 141-1 BR 엘리텔빌딩 2층
한국 설립	1986년
한국 매출	1,200억 원
한국 인원	160명
홈페이지	http://www.zeiss.co.kr
채용사이트	https://www.zeiss.co.kr/corporate/career/apply-online.html
이메일	recruit@zeiss.co.kr
문의	–

☑ foreign affiliated
052

티센크루프엘리베이터코리아
ThyssenKrupp

제품/서비스	엘리베이터 등 승강기 제조, 설치, 유지, 보수
회사 소개	» 티센크루프 그룹은 독일에 본사를 두고 있으며, 1999년 Thyssen AG와 Krupp의 합병으로 탄생 » 국내 승강기 기업 중 가장 오랜 역사와 세계적인 수준의 기술력과 시스템을 갖춘 승강기 전문기업 » 국내 최고 수준의 엘리베이터, 에스컬레이터, 무빙워크 등 주요 승강기 제품 전 품목을 공급 및 유지, 보수 서비스 » 티센크루프엘리베이터코리아의 모회사인 티센크루프엘리베이터는 엘리베이터 분야의 세계적인 기업 중 하나로 60여 개국 800여 지역 진출 » 세계 유일의 TWIN Elevator와 High Rise 초고속 엘리베이터 최첨단 기술력 보유
본사 국가	독일(Germany)
글로벌 설립	1999년(Thyssen AG와 Krupp의 합병)
글로벌 매출	47조 2,078억 6,805만 원
글로벌 인원	156,487명
한국 주소	서울 양천구 목동 924번지(목동서로 201, KT목동타워 22층)
한국 설립	1966년
한국 매출	6,537억 원
한국 인원	991명
홈페이지	http://thyssenkruppelevator.co.kr/kor/home
채용사이트	http://thyssenkrupp-elevator.co.kr/kor/vacancies
이메일	—
문의	02 - 3283 - 6614

☑ foreign affiliated 053

딜로이트코리아

Deloitte

제품/서비스	회계, 세무, 법무, 컨설팅
회사 소개	» 세계 최대 회계 · 컨설팅 그룹 'Deloitte'의 Member Firm » 딜로이트코리아는 회계 및 세무, 재무 자문 서비스를 담당하는 딜로이트 안진회계법인과 컨설팅 서비스를 담당하는 딜로이트 컨설팅으로 구성 » Big 4 회계 법인 중 하나 » 자타 공인 세계 최고의 전문 서비스 조직(Professional firm)으로서 'Deloitte'라는 브랜드 하에 전 세계 150여 개 국가, 225,000명에 이르는 헌신적인 전문가들로 구성된 글로벌 기업 » 회계 감사, 컨설팅, 재무 자문, 위험 관리, 세무 자문 및 관련 서비스 등 제공
본사 국가	영국(United Kingdom)
글로벌 설립	1845년
글로벌 매출	41조 1,424억 원
글로벌 인원	244,400명(2016년 기준)
한국 주소	서울특별시 영등포구 국제금융로 10 서울국제금융센터 One IFC 빌딩 9층
한국 설립	1986년
한국 매출	3,344억 원
한국 인원	2,300명
홈페이지	https://www2.deloitte.com/kr/ko.html
채용사이트	https://jobs2.deloitte.com/kr/en
이메일	hr_seoul@deloitte.com
문의	—

foreign affiliated 054

한국내쇼날인스트루먼트

National Instruments Corporation

제품/서비스	프로그래밍 언어 LabVIEW 및 1,000가지 이상의 하드웨어, 소프트웨어 등
회사 소개	» 컴퓨터 기반의 Test, Measurement, Automation, Control 및 Design 분야의 선두주자 » 대표적인 프로그래밍 언어 LabVIEW 및 1,000가지 이상의 하드웨어, 소프트웨어 등을 판매하는 글로벌 기업 » 본사: 미국 텍사스 주 오스틴 » 전 세계 40여 개의 지사와 7,000여 명 이상의 전문 인력을 보유한 다국적 기업 » 한국내쇼날인스트루먼트는 〈BusinessWeek〉지가 선정한 '경력을 시작하기 좋은 50대 기업'에 포함 » 〈포춘〉지에서 선정하는 '일하기 좋은 100대 기업' 부분에 15년 연속 등재 » Great Place to Work · Institute에서 주관하는 '일하기 좋은 다국적 기업' 부분에 14년 연속 선정
본사 국가	미국(U.S)
글로벌 설립	1976년
글로벌 매출	1조 3,863억 2,000만 원(2014년 기준)
글로벌 인원	7,084명(2014년 기준)
한국 주소	서울 강남구 삼성1동 대화빌딩 8층
한국 설립	1994년
한국 매출	474억 원
한국 인원	150명
홈페이지	http://korea.ni.com
채용사이트	http://korea.ni.com/recruit
이메일	nikorea.hi@ni.com
문의	02-3451-3400

☑ foreign affiliated
055

웨버샌드윅

Weber Shandwick

제품/서비스	PR Communication
회사 소개	» 전 세계 81개국에 지사를 두고 있는 글로벌 최대의 커뮤니케이션 컨설팅사 » 글로벌 광고 및 마케팅 커뮤니케이션 유력지인 〈애드버타이징 에이지(Advertising Age)〉가 선정한 '최고의 에이전시(Ad Age's 2014 A-List)'에 뽑힘 / 칸 라이언즈 국제광고제 4개 부문 수상 » 커뮤니케이션 분야의 권위지인 〈PR위크(PR Week)〉와 〈더 홈즈 리포트(The Holmes Report)〉가 선정한 '2013년 올해의 컨설팅사'와 '2013년 최고의 헬스케어 컨설팅사'에 각각 뽑힘 » 주요 서비스: 소비자 마케팅을 비롯해 기업 평판관리, 헬스케어, 테크놀러지, 공공부문 및 금융 홍보, 기업의 사회공헌활동, 재무 의사소통과 위기 관리
본사 국가	미국(U.S)
글로벌 설립	2001년(Weber Group, Shandwick International, BSMG의 합병)
글로벌 매출	—
글로벌 인원	—
한국 주소	서울 강남구 역삼동 823-21 대공빌딩 4층, 5층
한국 설립	2009년
한국 매출	—
한국 인원	—
홈페이지	http://www.webershandwick.co.kr
채용사이트	http://webershandwick.co.kr/work-with-us
이메일	korea.info@webershandwick.com
문의	02-6250-7001

foreign affiliated 056

메드트로닉코리아

Medtronic

제품/서비스	의료기기
회사 소개	»» 순환기, 신경계 관련 첨단 의료기기를 생산, 공급하는 다국적 기업 »» 본사: 아일랜드 더블린 / Operational headquarter: 미국 미니애폴리스 »» 세계 120여 개국에 자회사 및 지사 운영 »» 유럽/중동/아프리카 지역 총괄지사 스위트 톨로슈나(Tolochenaz), 아시아/태평양 지역 총괄지사 일본 도쿄, 제조회사는 네덜란드, 캐나다, 프랑스, 푸에르토리코 등지에 설립 »» 각 나라의 특성에 맞는 제품과 서비스를 제공하여 매년 수백만 명 이상의 생명과 건강 증진에 공헌
본사 국가	아일랜드(Ireland)
글로벌 설립	1949년
글로벌 매출	32조 2,319억 4,000만 원
글로벌 인원	98,000명
한국 주소	서울 강남구 테헤란로 534(대치동, 글라스타워빌딩) 17층
한국 설립	1987년
한국 매출	—
한국 인원	350명
홈페이지	http://www.medtronic.co.kr
채용사이트	http://www.medtronic.co.kr/careers/index.htm
이메일	mycareerkorea@medtronic.com
문의	02-3404-3600

☑ foreign affiliated
057

해즈브로코리아(유)

Hasbro Inc

제품/서비스	남아, 여아 완구 / 게임 퍼즐
회사 소개	» 1923년 미국에서 해즈브로(Hasbro Inc.) 설립 » Corporate mission: "Make you Smile!" » 전 세계 유아, 어린이들과 가족이 즐거운 여가시간을 함께 할 수 있는 엔터테인먼트 제품 및 서비스 제공 » 500여 종 이상의 브랜드와 엔터테인먼트 제품 및 서비스, 최첨단의 게임과 멀티미디어 제품군 » 대표 브랜드: Transformers, Nerf, Play-Doh, Furby, Kre-O, Magic The Gathering, Monopoly, Game of Life, Jenga 등
본사 국가	미국(U.S)
글로벌 설립	1923년
글로벌 매출	4조 5,502억 6,000만 원
글로벌 인원	6,000명
한국 주소	서울 강남구삼성동 170-9번지 덕명빌딩 8층
한국 설립	2008년
한국 매출	—
한국 인원	25명
홈페이지	http://www.hasbro.com/ko-kr
채용사이트	https://jobs.hasbro.com
이메일	—
문의	02-6907-3002

☑ foreign affiliated
058

(주)브이티더블유
vtw

제품/서비스	전략/기술 컨설팅 Total IT Service
회사 소개	» 2000년, 프랑스계 Valtech Consulting으로 시작 » 2013년, 새로운 사명인 vtw(브이티더블유)로 공공시장 경쟁력 강화 » 현재까지 공공/대기업을 중심으로 500여 프로젝트 실적 보유 » 고객에게 고품질의 Business와 Technology에 대한 전략적 통찰과 실행 역량 제공 » 직원들에게 최고의 전문가들과 함께하며 컨설턴트로 성장하는 기회 제공 » 현재까지 공공/대기업을 중심으로 500여 프로젝트 실적 보유
본사 국가	프랑스(France)
글로벌 설립	1993년
글로벌 매출	—
글로벌 인원	—
한국 주소	서울 용산구 동자동 게이트웨이타워 19층
한국 설립	2000년
한국 매출	142억 2,424만 원
한국 인원	87명
홈페이지	http://www.vtw.co.kr
채용사이트	http://www.vtw.co.kr
이메일	recruit@myvtw.co.kr
문의	02-727-5600

foreign affiliated 059

MGF Sourcing Far East Limited.

MGF Sourcing

제품/서비스	섬유, 의류, 패션
회사 소개	» 1963년, 미국 오하이오 주 콜럼버스에 본사를 둔 Limited Brands Inc.의 의류 소싱/생산 회사에서 출범 » 1976년, 한국에서 사업 시작 » 2011년 12월, Sycamore에서 MGF Sourcing이라는 이름으로 사업 운영 » 현재 직원 약 125명의 직원이 Express, The Limited, Chico's, White House & Black Market, Soma, New York & Company, Christopher & Banks, A&F, Aero 등 세계 유수 브랜드의 의류 소싱/생산 » 2억 5,000만 불(2010년 기준) 매출 기록
본사 국가	미국(U.S)
글로벌 설립	1963년
글로벌 매출	—
글로벌 인원	—
한국 주소	서울 강남구 삼성동 158-23 K타워 11~13층
한국 설립	1976년
한국 매출	—
한국 인원	125명(2014년 기준)
홈페이지	http://www.mgfsourcing.com
채용사이트	—
이메일	ncho@mgfsourcing.com
문의	02-350-0495

☑ foreign affiliated
060

엘카코리아

Estée Lauder Companies

제품/서비스	화장품
회사 소개	» 미국 뉴욕에 본사를 둔, 세계적인 코스메틱 회사이자 글로벌 리더인 The Estée Lauder Companies의 한국 지사 » 1991년 8월, Estée Lauder 한국 론칭을 시작으로 한국 코스메틱 업계의 선두기업으로 자리매김 » 전 세계 Estée Lauder Companies 지사 중 가장 대규모 지사 가운데 하나 » 주요 브랜드: Estée Lauder, Clinique, Bobbi Brown, M.A.C, Aramis & Designers' Fragrance, Origins, Aveda, Darphin, La Mer, Jo Malone London, Tom Ford Beauty, Glam Glow 등 » "최고의 인재를 고용하라"는 창립 이념에 따라 Best People을 채용하고 함께 성장하는 기업문화
본사 국가	미국(U.S)
글로벌 설립	1946년
글로벌 매출	12조 5,999억 4,000만 원(2016년 기준)
글로벌 인원	46,000명(2016년 기준)
한국 주소	서울 강남구 역삼동 825-2 메리츠 타워 9층
한국 설립	1991년
한국 매출	700억 원(2008년 기준)
한국 인원	1,700여 명
홈페이지	http://www.elcakorea.co.kr
채용사이트	http://www.elcakorea.co.kr/recruit/recruit.asp
이메일	hr@kr.estee.com
문의	02-3440-2600

foreign affiliated
061

한국에스리

Esri

제품/서비스	GIS 소프트웨어
회사 소개	» 미국 Esri 사 GIS(Geographic Information Systems) 소프트웨어를 국내에 독점으로 공급하는 회사 » 1998년 설립. 정부기관, 정부투자기관, 국방, 시설물 관리, 교육기관 등 여러 산업 분야에 GIS 소프트웨어 공급 » 약 250개의 앱과 맵 제공, 국내 스마트 커뮤니티 구축 위한 ArcGiS for Korean Local Governemnt(AKLG) 솔루션 제공 » ArcGIS- 위치 플랫폼. 사람, 지도, 데이터 및 앱을 지리정보시스템(GIS)을 통해 연결하는 소프트웨어
본사 국가	미국(U.S)
글로벌 설립	1969년
글로벌 매출	1조 2,347억 5,000만 원(2014년 기준)
글로벌 인원	3,200명 이상
한국 주소	서울 강남구 삼성1동 공항타워 2005호
한국 설립	1998년
한국 매출	87억 4,301만 원
한국 인원	40명
홈페이지	http://www.esrikr.com
채용사이트	http://www.esrikr.com/careers
이메일	—
문의	02-2086-1907

foreign affiliated
062

(주)커민스코리아

Cummins Inc.

제품/서비스	디젤엔진, 발전기, 필터/배기장치 & 부품류
회사 소개	» 커민스코리아는 미국 Cummins Inc.의 100% 투자 법인으로 설립 » 본사는 인디애나 주 컬럼버스에 위치 » 엔진 설계, 생산, 판매, 서비스를 제공하고 연료시스템, 엔진콘트롤, 에어핸들링, 필터, 배기장치, 발전기 등과 같은 엔진과 관련된 기술을 제공하는 상호 보완적인 사업부로 구성 » 190개국 이상의 나라에 550여 개의 회사 직영 및 독립 판매망 보유 » 5,000여 곳 이상의 판매 및 서비스 딜러 네트워크 보유 » 세계 18개 이상의 제조 공장과 조인트 벤처시설을 포함 25개의 주요 기술연구센터가 설립된 글로벌 기업
본사 국가	미국(U.S)
글로벌 설립	1919년
글로벌 매출	21조 5,808억 원(2014년 기준)
글로벌 인원	54,600명
한국 주소	서울시 강남구 영동대로 517 아셈타워 25층
한국 설립	1991년
한국 매출	34억 7,000만 원
한국 인원	35명
홈페이지	www.cummins.co.kr
채용사이트	http://www.cummins.co.kr
이메일	—
문의	02-3452-4313

foreign affiliated 063

유니티테크놀로지스코리아

Unity Technologies

제품/서비스	유니티 개발 플랫폼
회사 소개	» 2011년, 유니티테크놀로지스코리아(이하 유니티코리아) 유한회사로 설립 » 한 번의 개발로 다양한 플랫폼으로 퍼블리싱이 가능한 멀티플랫폼 기능과 혁신적인 인터페이스 설계로 잘 알려진 유니티 개발 플랫폼의 제작사인 유니티테크놀로지스의 공식 한국 지사 » 대표 제품: 유니티는 유니티 엔진 및 에디터를 통칭하는 말로서 게임 엔진으로 널리 알려져 있으며 게임 이외에도 앱, 건축, 디자인, 인테리어, 시뮬레이션, 의학, 군사 분야 등 다양한 곳에서 활용
본사 국가	덴마크(Denmark)
글로벌 설립	2004년
글로벌 매출	—
글로벌 인원	1,000명 이상(2016년 기준)
한국 주소	서울시 서초구 서운로 142-4 재전빌딩 6층
한국 설립	2011년
한국 매출	—
한국 인원	—
홈페이지	https://madewith.unity.com/en
채용사이트	https://careers.unity.com/position?id=636343
이메일	—
문의	070-4848-4194

foreign affiliated
064

그린트위드코리아㈜

Greene, Tweed

제품/서비스	반도체 및 석유화학 분야에 공급되는 sealing products
회사 소개	» 그린트위드는 미국 펜실베니아 주 Kulpsville에 본사를 두고 있으며, 전 세계 10개의 지사가 있는 다국적 기업 » 반도체 및 석유화학 분야에 다양한 Sealing 제품과 솔루션 공급 » 한국 지사의 주요 판매 고객: 국내 반도체 대기업 및 OEM 업체 » 2002년 한국 지사 설립 이후 매년 꾸준한 성장세 » 아래의 사업 분야에서 4만 가지 이상의 제품을 생산: 반도체(Semiconductor), 석유화학(PetroChem & Power), 항공/방산(Aerospace/Defense), 일반산업(Industrial), 석유탐사/시추(Oilfield), 의료기기(Medical Device)
본사 국가	미국(U.S)
글로벌 설립	1863년
글로벌 매출	—
글로벌 인원	—
한국 주소	서울 강남구 삼성동 159-6 한국도심공항터미널 405호
한국 설립	2002년
한국 매출	90억 5,800만 원
한국 인원	17명
홈페이지	http://www.gtweed.com
채용사이트	http://www.gtweed.com/careers
이메일	—
문의	02-3458-0302

☑ foreign affiliated
065

버슨-마스텔러코리아

Burson-Marsteller

제품/서비스	PR, Marketing Communication
회사 소개	» 글로벌 PR 커뮤니케이션 기업 » PR, 공공이슈, 위기 관리, 디지털 서비스 등 마케팅 커뮤니케이션 전반의 전략 개발 및 프로젝트 서비스 제공 » 세계에서 가장 큰 커뮤니케이션 서비스 기업 중 하나인 WPP(NASDAQ: WPPGY) 그룹 산하 영앤루비컴 브랜드(Young & Rubicam Brands) 소속 » 전 세계 110여 개국 73개의 현지 법인 및 87개의 파트너사
본사 국가	미국(U.S)
글로벌 설립	1953년
글로벌 매출	–
글로벌 인원	–
한국 주소	서울시 서초구 강남대로 373 홍우빌딩 6층
한국 설립	1989년
한국 매출	–
한국 인원	–
홈페이지	http://www.burson-marsteller.co.kr
채용사이트	http://www.burson-marsteller.co.kr/careers/?lang=en
이메일	careers_BMK@bm.com
문의	02-3782-6400

☑ foreign affiliated
066

발레오오토모티브코리아㈜

Valeo

제품/서비스	자동차 부품
회사 소개	≫ 글로벌 자동차 부품 제조사 ≫ 한국 통합 매출이 1조 원(2013년 기준), 국내 plant 11곳, R&D 센터 2곳 등 약 2,500여 명의 직원 근무 ≫ 주요 제품군: 1) CDA(Comfort & Driving Assistance): 안락성 & 주행 보조시스템 2) PTS(Powertrain Systems): 파워트레인 시스템 3) THS(Thermal Systems): 공조 시스템 4) VIS(Visibility Systems): 시야 시스템
본사 국가	프랑스(France)
글로벌 설립	1923년
글로벌 매출	—
글로벌 인원	—
한국 주소	서울 중구 퇴계로 10, 메트로 타워 12층
한국 설립	2015년
한국 매출	1조 원(2013년 기준)
한국 인원	2,500명
홈페이지	http://www.valeo.com
채용사이트	—
이메일	—
문의	—

foreign affiliated
067

브리티쉬아메리칸토바코코리아

British American Tobacco

제품/서비스	담배
회사 소개	» 전 세계 2위의 세계적인 담배 회사 » 180개국에 약 6만 1,000여 명의 직원, 41개국에 50개의 공장 » 대표 제품: 던힐(Dunhill), 켄트(Kent), 팔말(Pall Mall), 럭키 스트라이크(Lucky Strike) » 국제 마케팅 기준에 자발적으로 합의하여, 책임감 있는 마케팅 활동을 수행하기 위해 노력 » 다우존스 지속 가능성 지수에 포함된 첫 번째 담배 회사
본사 국가	영국(United Kingdom)
글로벌 설립	1902년
글로벌 매출	18조 3,625억 416만 원
글로벌 인원	–
한국 주소	서울 강남구 역삼1동 737 강남파이낸스센터 42층
한국 설립	1990년
한국 매출	3,910억 2,977만 원
한국 인원	354명
홈페이지	http://www.batkorea.com
채용사이트	jobs@bat
이메일	batk-recruit@bat.com
문의	02-2112-7274

☑ foreign affiliated
068

CBRE Korea㈜

CBRE Group, Inc.

제품/서비스	부동산
회사 소개	» CBRE Group, Inc.은 미국 로스앤젤레스에 본사를 두고 있는 세계 최대의 종합 부동산 서비스 회사 » 부동산 회사로서는 유일하게 〈포춘〉지 500대 기업에 속하며, S&P 500 지수에 등록 » 200년 역사를 자랑하는 부동산 시장 선두기업 » 전 세계 300개 이상의 지점에 7만여 명의 전문인력을 통하여 최상의 서비스를 투자자 및 임차인에게 제공
본사 국가	미국(U.S)
글로벌 설립	1906년
글로벌 매출	12조 3,585억 원
글로벌 인원	70,000명(2016년 기준)
한국 주소	서울 종로구 공평동 100, 제일은행 본점빌딩 21층
한국 설립	1999년
한국 매출	217억 3,770만 원
한국 인원	135명
홈페이지	http://www.cbrekorea.com
채용사이트	https://apaccareers.cbre.com
이메일	—
문의	02-2170-6155

☑ foreign affiliated
069

㈜필립스코리아

Philips

제품/서비스	가전제품, 소형 가선제품, 의료장비
회사 소개	» ㈜필립스코리아(Philips Korea Ltd.)는 네덜란드 필립스 그룹(Royal Philips)의 한국 현지 법인 » 로얄필립스는 심장 질환과 급성 질환 및 가정용 의료기기와 에너지 효율적인 조명 솔루션, 그리고 새로운 조명 응용 분야, 남성 면도 및 체모 정리, 구강 헬스케어 분야의 선두기업 » 목표: 다각적 기술 기업으로서 헬스케어, 소비자 라이프스타일 및 조명 분야의 의미 있는 혁신을 통해 삶의 질을 높이는 것
본사 국가	네덜란드(Netherlands)
글로벌 설립	1891년
글로벌 매출	6조 4,176억 1,100만 원
글로벌 인원	105,365명(2014년 기준)
한국 주소	서울 중구 소월로 2길 30 T타워 04637
한국 설립	1976년
한국 매출	3,624억 2,881만 원
한국 인원	302명
홈페이지	http://www.philips.co.kr
채용사이트	http://www.philips.com/aw/asiapac/careers/healthtech.html
이메일	—
문의	02-709-1283

foreign affiliated 070

PTC Korea

PTC

제품/서비스	IoT 플랫폼, 제품 라이프사이클 관리(ePLM), 응용 프로그램 라이프사이클 관리(ALM), 서비스 라이프사이클 관리(SLM), 컴퓨터 기반 설계(CAD)
회사 소개	» 산업장비, 자동차, 하이테크 및 전자, 항공우주 및 방위, 소매품, 소비자 제품, 의료기기 등 핵심산업에서 전 세계 28,000여 개 기업과 협력하는 글로벌 기업 » 디지털 3D 설계의 혁신과 인터넷 기반 PLM의 최초 출시 » 솔루션 분야에서 지난 30여 년 간 쌓아온 전문성 보유, 현재는 세계 정상급 IoT 플랫폼으로 독보적인 시장 점유
본사 국가	미국(U.S)
글로벌 설립	1985년
글로벌 매출	1조 4,592억 5,000만 원
글로벌 인원	6,000명 이상
한국 주소	서울시 강남구 테헤란로 521 파르나스타워 17층 PTC Korea
한국 설립	1992년
한국 매출	375억 4,407만 원
한국 인원	110명
홈페이지	http://www.ptckorea.com
채용사이트	http://www.ptckorea.com/careers
이메일	—
문의	02-3484-8000

foreign affiliated
071

유엘코리아(주)

UL

제품/서비스	안전 관련 인증, 규격
회사 소개	» 세계 최고 수준의 안전 기술을 통해 안전 규격을 개발하고 안전 인증 관련 제반 서비스를 제공하는 국제적 기관 » 전 세계 100여 개 국가에서 활동 중인 11,000여 명의 UL 전문가들은 UL의 5대 핵심 전략 비즈니스인 제품 안전, 환경, 생명 및 의료과학, 성능 시험, 교육 분야에서 고객 만족을 실현 » 1996년 UL KOREA 설립, 사원수 230명 규모의 외국계 기업 » UL 마크를 비롯하여 전 세계 수출에 필요한 해외 인증 대부분에 대한 인증 서비스 제공 » 제품 설계부터 생산, 선적에 이르기까지 수출을 원하는 국내 기업들을 적극 지원
본사 국가	미국(U.S)
글로벌 설립	1894년
글로벌 매출	–
글로벌 인원	11,000여 명
한국 주소	서울 강남구 역삼동 737 강남파이낸스센터 26층
한국 설립	1996년
한국 매출	268억 3,112만 원
한국 인원	230명
홈페이지	http://www.ul.com/kr
채용사이트	http://korea.ul.com/joblist
이메일	–
문의	02-2009-9052

☑ foreign affiliated
072

윌슨파킹코리아
Wilson Parking Korea

제품/서비스	주차 관리
회사 소개	» 호주, 뉴질랜드, 싱가포르, 홍콩 및 한국 등 아시아-태평양 지역 최고 주차 관리 업체 » 기존 및 신설 주차장의 관리 및 운영에 대한 광범위한 서비스 제공 » 이용자에 대한 고객 서비스는 물론 주차장 소유주의 수익성까지도 제고 » Wilson Group Limited의 자회사. Wilson Group은 주차 관리 외에 Security, Storage, Health 서비스 제공
본사 국가	홍콩(Hong Kong)
글로벌 설립	1983년
글로벌 매출	—
글로벌 인원	—
한국 주소	서울 종로구 종로1길 50 더케이트윈타워 A동 9층 윌슨파킹코리아
한국 설립	2005년
한국 매출	—
한국 인원	—
홈페이지	http://www.wilsonparking.co.kr
채용사이트	http://employment.wilsongroupau.com
이메일	recruit@wilsonparking.co.kr
문의	02-757-4768

㈜디에이치엘코리아

DHL Express

제품/서비스	운송, 물류
회사 소개	» DHL은 고객들에게 국제특송, 항공운송, 해상운송, 육상운송, 계약물류, 국제우편 서비스를 전문적으로 제공 » 전 세계 20개 국가와 지역을 연결하는 세계적인 물류 네트워크 보유 » 1977년 ㈜일양익스프레스와 대리점 계약을 체결하여 국내 최초로 국제 특급운송 서비스를 시작 » 2001년 1월 1일, DHL 본사와의 합작투자 법인으로 새롭게 출발 » 2003년 4월, 도이치포스트월드넷 그룹 계열 DANZAS, 유로 익스프레스와 통합하여 DHL 단일 브랜드로 재탄생 » 사업 영역: DHL Express, DHL Freight, DHL Global Forwarding, DHL Exel Supply Chain
본사 국가	독일(Germany)
글로벌 설립	1969년
글로벌 매출	—
글로벌 인원	325,000명
한국 주소	서울 마포구 염리동 164-6 일양빌딩
한국 설립	2001년
한국 매출	4,088억 6,749만 원
한국 인원	1,234명
홈페이지	http://www.dhl.co.kr/ko.html
채용사이트	http://www.dhl.co.kr/ko/careers.html
이메일	—
문의	02-710-8135

☑ foreign affiliated
074

토마스컨설턴츠에이피

Thomas Consultants

제품/서비스	부동산/리테일 컨설팅
회사 소개	» 전 세계 45개국을 대상으로 서비스를 제공하는 국제적인 기업 » 캐나다, 한국, 호주에 지사 보유 » 주요 서비스: 대형 상업시설 개발 전략 » 주요 고객: 여의도 IFC몰, 롯데월드타워몰(C2), 신세계 스타필드 하남, 현대차 GBC 상업시설과 같은 복합쇼핑몰과 백화점(신세계 센텀시티몰, 신세계 김해점, 신세계 동대구점, AK 마포애경타운 등)
본사 국가	캐나다(Canada)
글로벌 설립	1979년
글로벌 매출	—
글로벌 인원	—
한국 주소	서울 중구 서소문동 120-20 동화주차빌딩 10층
한국 설립	2011년
한국 매출	10억 9,809만 원
한국 인원	—
홈페이지	http://thomasconsultants.ca
채용사이트	http://thomasconsultants.ca/profile/careers.php
이메일	admin@thomasconsultantsap.com
문의	02-565-2994

☑ foreign affiliated
075

베올리아워터코리아

Veolia Water

제품/서비스	생활용수 및 산업용수 공급, 하수처리 및 폐수처리, 프로젝트 개발 및 관리 사업
회사 소개	» 베올리아 그룹은 자원 관리 분야의 글로벌 기업. 전 세계 179,000명의 임직원 종사 » 지역사회와 산업체 고객을 위해 수자원, 폐기물, 에너지 관리의 지속 가능한 솔루션 제공 » 2014년, 베올리아 그룹에서 전 세계 9,600만 인구를 대상으로 음용수 공급, 5,960만 인구를 대상으로 폐수처리 서비스 제공 » 5,200만 MW/h의 에너지를 생산, 3,130만 톤의 폐기물을 신재생에너지로 변환 » 1999년, 국내 베올리아코리아 설립. 광범위한 폐기물, 물, 에너지 관리 서비스 제공 » 21개의 사업장에서약 500명의 임직원이 15개의 프로젝트 수행
본사 국가	프랑스(France)
글로벌 설립	1853년
글로벌 매출	28조 9,065억 120만 원(2014년 기준)
글로벌 인원	179,000명
한국 주소	서울 중구 수표동 88-1 시그니처 타워 동관 16층
한국 설립	1999년
한국 매출	454억 7,721만 원
한국 인원	500명
홈페이지	http://www.veolia.co.kr/ko
채용사이트	http://www.veolia.co.kr/ko/careers/careers/job-opportunities
이메일	recruit.1@veolia.com
문의	02-6323-2900

foreign affiliated
076

바이엘코리아㈜

Bayer AG

제품/서비스	제약, 의약, 화학
회사 소개	» 바이엘은 독일 레버쿠젠에 본사를 두고 세계 150여 개국에 진출해 있는 다국적 제약 및 화학 회사 » 기업 이념: "더 나은 삶을 위한 과학(Science For A Better Life)" » 바이엘 헬스케어 사업 영역: 인체 & 동물 » 혁신에 기반을 둔 농업 솔루션 제공, 지속적 농업 생산량 보장, 농업의 성장을 주도하며 환경 보호 » 1955년, 작물보호사업을 시작으로 한국 시장에 진출 » 60여 년 동안 제약사업 외에도 동물의약, 작물보호 및 종자, 화학 사업 등 다양한 분야에서 한국 경제 발전에 기여
본사 국가	독일(Germany)
글로벌 설립	1863년
글로벌 매출	56조 4,955억 4,893만 원
글로벌 인원	115,200명(2016년 기준)
한국 주소	서울 동작구 보라매로5길 23 삼성보라매옴니타워
한국 설립	1955년
한국 매출	3,002억 1,461만 원
한국 인원	650명
홈페이지	http://bayer.co.kr
채용사이트	http://bayer.co.kr/talent-development
이메일	—
문의	02-829-6832

☑ foreign affiliated
077

Verticurl

Verticurl Pte Ltd

제품/서비스	글로벌 마케팅 테크놀로지
회사 소개	» Verticurl은 WPP Oglivy One Group의 계열사 » 2006년 싱가포르 본사 설립 이래 전 세계적으로 확장 » Marketing Technology 분야의 리더로서 Oracle, Adobe, Salesforce.com 등 CRM/Marketing Technology 솔루션 구축, 캠페인 운영/컨설팅 등의 서비스를 글로벌 기업들에게 제공 » 국내 고객: 삼성전자, 아디다스코리아, 인텔, 델, 레드햇 등의 기업에 기술 프로젝트/캠페인 운영 서비스
본사 국가	싱가포르(Singapore)
글로벌 설립	2006년
글로벌 매출	—
글로벌 인원	500명
한국 주소	서울시 강남구 삼성동 144-19 JS타워 15층
한국 설립	—
한국 매출	—
한국 인원	—
홈페이지	https://www.verticurl.com
채용사이트	https://www.verticurl.com/globalcareer
이메일	—
문의	—

foreign affiliated 078

㈜한국로슈

F. Hoffmann-La Roche AG

제품/서비스	바이오 제약
회사 소개	» 120년 전통의 글로벌 헬스케어 리더로 세계 최대의 바이오 제약 기업 » 다우존스 지속 가능성 지수 헬스케어 부문 8년 연속 1위(2016년 기준) » 1983년, 한국 법인 설립 » 항암제, 면역치료제, 간염치료제 등 다양한 분야에서 선두적인 혁신 의약품을 제공 » 2015년, 한 해 동안 국내 임상시험에 178억 원을 투자, 한국 환자를 위한 임상 개발과 국내 의료계 발전에 기여 » 2015년 12월, 여성가족부 주관 가족친화우수기업으로 인증 » 2015년, 국내 매출 3,277억 원, 항암제 부문 1위 기록 » 2016년, 현재 여성 임원 비율이 60%, 전체 직원 중 여성이 50% 이상
본사 국가	스위스(Swiss)
글로벌 설립	1896년
글로벌 매출	56조 5,400억 원
글로벌 인원	약 85,000명
한국 주소	서울 서초구 서초대로 411 GT 타워 동관 17층
한국 설립	1983년
한국 매출	3,277억 원
한국 인원	229명
홈페이지	http://roche.co.kr
채용사이트	http://roche.co.kr/html/careers/overview.html
이메일	korea.roche@roche.com
문의	—

☑ foreign affiliated 079

글락소스미스클라인 컨슈머헬스케어 코리아

GlaxoSmithKline

제품/서비스	헬스케어
회사 소개	» 사업 영역: 제약 사업부, 백신 사업부, 컨슈머 헬스케어 사업부 » 웰니스(일상건강), 구강 관리, 영양, 피부건강 포함 4개 부문에서 우수한 제품을 개발하여 100개국 이상에 공급 » 사명: "사람들이 건강하고 활기차게 삶을 살 수 있도록(Do more, Feel better and Live longer) 돕는 것" » 두 개의 법인 체계로 운영: 제약과 백신 사업을 총괄하는 GSK 한국 법인, 컨슈머 헬스케어 사업을 하는 GSK 컨슈머 헬스케어
본사 국가	영국(United Kingdom)
글로벌 설립	2000년
글로벌 매출	28조 9,305억 6,236만 원
글로벌 인원	97,921명
한국 주소	서울 용산구 한강대로 92(한강로2가, LS용산타워) 9층 GSK
한국 설립	2014년
한국 매출	271억 2,608만 원
한국 인원	80명
홈페이지	http://kr.gsk.com
채용사이트	http://kr.gsk.com/ko-kr/인재-및-채용/
이메일	kor.recruit@gsk.com
문의	02-709-4114

☑ foreign affiliated 080

한국휴렛팩커드

Hewlett-Packard

제품/서비스	컴퓨터 및 주변 기기 상품, 네트워크 서버 및 정비보수 용역 등
회사 소개	» 서버 및 스토리지, 프린팅, 퍼스널 컴퓨팅, 소프트웨어, 서비스와 IT 인프라를 제공하는 세계적인 기업 » 1984년, 삼성전자(주)와 휴렛팩커드 합작으로 삼성휴렛팩커드(주) 설립 » 2002년, 미국 휴렛팩커드와 컴팩 간 합병, 12월 컴팩코리아(유) 합병, 법인 형태를 유한회사(有限會社)로 변경 » 사업영역: Technology Solutions Group(TSG), Image and Printing Group(IPG), Personal System Group(PSG) » 한국HP는 수입액보다 항상 수출액이 상회해왔으며, 국가 무역수지 균형과 국내 전자산업 활성화에도 기여 » 2001년 35억 불, 2002년 40억 불, 2003년 40억 불 이상 수출, 2004, 2005년도에는 50억 불 가까이 수출
본사 국가	미국(U.S)
글로벌 설립	1939년
글로벌 매출	—
글로벌 인원	—
한국 주소	서울특별시 영등포구 의사당대로 83(여의도동 23-6)
한국 설립	1984년
한국 매출	6,845억 3,662만 원
한국 인원	750명
홈페이지	http://www.hp.co.kr
채용사이트	http://www8.hp.com/us/en/jobs/index.html
이메일	—
문의	02-2199-0114

☑ foreign affiliated
081

언더아머

Under Armour

제품/서비스	스포츠 용품
회사 소개	» 1996년, 미국 매릴랜드 대학의 미식축구선구였던 케빈 플랭크(Kevin Plank)가 창업한 스포츠용품 전문회사 » 현재 미국 스포츠 의류 시장에서 아디다스를 제치고 시장점유율 2위 » 스테판 커리(농구), 조던 스피스(골프), 마이클 펠프스(수영), 김현수, 나성범(야구) 선수들을 비롯하여 미국의 매릴랜드 대학교, 위스콘신 대학교, 한국의 연세대학교 등 다수 학교의 공식 스폰서 » 2017년 1월, 공식 한국 진출
본사 국가	미국(U.S)
글로벌 설립	1996년
글로벌 매출	4조 4,062억 9,200만 원
글로벌 인원	11,000명
한국 주소	서울 강남구 강남대로 464 2층 언더아머코리아
한국 설립	2017년
한국 매출	–
한국 인원	–
홈페이지	http://www.underarmour.co.kr/ko-kr
채용사이트	http://www.underarmour.jobs/
이메일	cskorea@underarmour.com
문의	02-750-5000

☑ foreign affiliated 082

코베스트로코리아(주)

Covestro

제품/서비스	플라스틱시트 제조, 판매 사업
회사 소개	» 2015년 9월, 바이엘 기존 화학계열사(Bayer Material Science)가 독립 법인 코베스트(Covestro)로 분리 » 보유한 기술 경쟁력을 바탕으로 글로벌 시장에서 이미 매우 좋은 위치 » 독일 주식시장에 상장 » 플라스틱, 폴리우레탄, 코팅, 페인트 및 접착제 원료, 반도체 및 첨단 디스플레이 소재 등의 제품 분야에서 신뢰와 기술력를 바탕으로 기존 및 신규 고객들에게 변함없는 서비스를 제공
본사 국가	독일(Germany)
글로벌 설립	2015년
글로벌 매출	—
글로벌 인원	약 17,000명
한국 주소	서울특별시 동작구 보라매로 5길 23 삼성보라매옴니타워
한국 설립	2000년
한국 매출	224억 7,671만 원
한국 인원	127명
홈페이지	http://www.covestro.com
채용사이트	http://www.covestro.com/en/career/overview
이메일	hr.covestro.kr@covestro.com
문의	02-6670-6343

☑ foreign affiliated
083

SGS코리아

SGS

제품/서비스	검사, 검증, 테스트 및 인증
회사 소개	» 1878년 설립, 국제적으로 전문성과 정직성에서 최상의 표준을 제시하는 기업 » 9만 명 이상의 직원들과 함께 전 세계 2,000여 개의 사무소 및 실험실을 단일 네트워크화 » SGS코리아는 제품 인증에 있어서 유럽, 미주 등 해외 규격의 인증뿐 아니라 국내 인증에 있어서도 자격 및 검증 능력 보유, 고객에게 제품 개발 단계에서의 기술적인 지원부터 적합성 시험, 제품의 개선·인증 및 사후 관리까지 전문적인 원스톱 서비스를 제공하는 검사, 검증, 인증 서비스 업계의 리더
본사 국가	스위스(Switzerland)
글로벌 설립	1878년
글로벌 매출	6조 7,735억 2,000만 원
글로벌 인원	92,300명(2016년 기준)
한국 주소	서울 용산구 갈월동 98-38 청룡빌딩 12층
한국 설립	1979년
한국 매출	1,645억 3,573만 원
한국 인원	1,029명
홈페이지	http://www.sgsgroup.kr
채용사이트	http://www.sgsgroup.kr/ko-KR/Our-Company/Careers/Careers-at-SGS.aspx
이메일	—
문의	02-709-4522

foreign affiliated
084

㈜듀어코리아

Dürr Group

제품/서비스	도장 설비공사, 기계 설비공사, 대기오염방지 설비설치공사/도장장비 수입판매
회사 소개	» Dürr Group은 전 세계 26개국에 걸친 54개 법인과 35개의 생산 시설을 보유한 글로벌한 기업 » automobile 제품, 시스템, 서비스 생산 업계의 선두 » 한국 지사는 총 3개의 주요 사업 영역 운영 1. Paint and Assembly Systems: 도장 설비공사, 기존 설비시설 modernization 2. Application Technlogy: 자동화된 도장을 위한 High Tech 시스템과 소프트웨어 3. Clean Technology Systems: 대기오염방지 설비, 에너지 관리 시스템
본사 국가	독일(Germany)
글로벌 설립	1895년
글로벌 매출	3조 951억 5,854만 5,000원(2014년 기준)
글로벌 인원	14,151명(2014년 기준)
한국 주소	서울시 구로구 경인로 662 디큐브시티 20층
한국 설립	1982년
한국 매출	784억 4,353만 원
한국 인원	160명
홈페이지	http://www.durr-korea.com
채용사이트	http://www.durr-korea.com/career
이메일	bomina.park@durr.com
문의	02-6444-1000

foreign affiliated
085

㈜쉥커코리아
Schenker Korea

제품/서비스	화물운송 중개, 대리 및 관련 서비스업
회사 소개	» ㈜쉥커코리아는 1972년 대리점을 시작으로 국내에 첫 진출 » 1997년, 유럽 최대 물류기업 Schenker AG의 한국 합작투자 법인으로 창립 » 항공운송, 해상운송, 벌크/프로젝트 화물운송, 창고운영, 로지스틱스 및 공급망 관리(SCM) 등 물류 솔루션 제공 » 2개의 물류센터 보유: 2006년, 인천 자유무역 지역에 10,000㎡ 면적의 인천 물류센터(Korea Logistics Center) 설립 » 2012년, 군포에 20,000㎡ 면적의 물류센터(Domestic Distribution Center) 가동
본사 국가	독일(Germany)
글로벌 설립	1872년
글로벌 매출	238조 59억 원(2014년 기준)
글로벌 인원	95,700명
한국 주소	인천 중구 운서동 2091-95 인천국제공항자유무역지역 공항물류단지 G3블럭
한국 설립	1997년
한국 매출	1,747억 5,622만 원
한국 인원	650명
홈페이지	http://www.dbschenker.kr
채용사이트	http://www.dbschenker.kr/log-kr-kr/career
이메일	aileen.jeon@dbschenker.com
문의	032-744-0300

foreign affiliated
086

에스에이피코리아㈜
SAP SE

제품/서비스	SAP ERP, SAP Business Suite 외
회사 소개	» 기업용 어플리케이션 소프트웨어 분야의 전 세계적인 선두기업 » 국내 주요 기업이 가장 많이 도입한 비즈니스 어플리케이션 솔루션 브랜드 » 지원 부서, 경영진, 유통, 영업, PC에서 모바일 기기까지 다양한 직무와 영역에서 소프트웨어를 통해 효율적으로 일할 수 있도록 지원 » 전 세계 19만 기업에서 수익 경영, 신속한 적응력, 지속적 성장을 위해 SAP를 사용
본사 국가	독일(Germany)
글로벌 설립	1972년
글로벌 매출	26조 4,929억 3,208만 원
글로벌 인원	84,183명(2016년 기준)
한국 주소	서울 강남구 도곡2동 467-12 군인공제회관 28층
한국 설립	1995년
한국 매출	3,171억 5,068만 원
한국 인원	297명
홈페이지	https://www.sap.com/korea/index.html
채용사이트	https://www.sap.com/korea/about/careers.html
이메일	minsu.kim@sap.com
문의	02-2194-2400

foreign affiliated
087

콜러노비타

Kohler Novita

제품/서비스	비데, 생활가전
회사 소개	» 1984년, 삼성전자의 자회사인 한일가전에서 출발 » 2003년, 일본에 역수출을 시작으로 미국, 캐나다, 러시아, 중국, 대만, 유럽 등 전 세계에 제품 수출 » 2011년, 글로벌 명품 욕실/주방 브랜드인 미국의 콜러(Kohler)와 만나 '콜러노비타'로 법인명 변경 » 2014년에는 비데업계 최초로 3,000만 불 수출 달성 » 2015년, 국내 업계 최초 누적 생산 500만 대 돌파 » 2006년부터 현재까지 11년 연속 대한민국 퍼스트브랜드 대상 수상
본사 국가	미국(U.S)
글로벌 설립	1873년(미국의 Kohler 설립일)
글로벌 매출	–
글로벌 인원	–
한국 주소	충청남도 천안시 서북구 직산읍 부송 3길 61
한국 설립	1984년
한국 매출	744억 5,753만 원
한국 인원	143명
홈페이지	http://novita.co.kr
채용사이트	http://novita.co.kr/company/talent-management/
이메일	Kyungjae.Lee@kohler.com
문의	041-580-7714

foreign affiliated
088

브루커코리아(주)

Bruker

제품/서비스	의료, 정밀 및 과학기기 도매업
회사 소개	» 1960년 독일에서 설립, 시험용 분석장비 연구 개발 및 생산에 주력하는 글로벌 기업 » 전 세계 모든 대륙에 90개 오피스 보유 » 1967년, Bruker와 스위스 취리히에 위치한 Spectrospin AG와 협력을 통해 high-resolution NMR 분야 진출 » 1967년, 최초로 다핵종 high-resolution NMR spectrometer 생산 시작 » 1989년, 세계 최초로 FT-spectometer 상업화에 성공, 현재 모든 범위의 EPR과 ENDOR spectrometer 생산 중
본사 국가	독일(Germany)
글로벌 설립	1960년
글로벌 매출	—
글로벌 인원	6,000명
한국 주소	경기 성남시 분당구 판교로 338(삼평동) 한국전자무역센터 4층
한국 설립	2005년
한국 매출	214억 5,866만 원
한국 인원	68명
홈페이지	https://www.bruker.com
채용사이트	https://www.bruker.com/about-us/career.html
이메일	daphne.kok@bruker.com
문의	070-7163-9256

foreign affiliated
089

프론테오코리아

FRONTEO

제품/서비스	법무 관련 IT 컨설팅, 인공지능 데이터 분석 솔루션
회사 소개	» 2003년, 일본에서 국제소송 지원 전문기업으로 시작 » 구 UBIC Korea, 2016년 한국 법인 FRONTEI, Inc.로 사명 변경 » 대표 기술: KIBIT - 인공지능 데이터 분석 엔진, 많은 문서와 이메일 중 필요한 정보만 추출하는 기술 » 주요 사업 영역: eDiscovery(국제 소송 단계 중 이메일 외에 각종 전자자료 증거를 공개하는 절차), 포렌식, 이메일 분석, 헬스케어 등 » 한국, 미국, 일본, 영국, 대만 등 7개국에 20개 오피스 운영
본사 국가	일본(Japan)
글로벌 설립	2003년
글로벌 매출	1,060억 9,564만 800원
글로벌 인원	—
한국 주소	서울 강남구 역삼동 테헤란로 142 캐피탈타워 7층(A존)
한국 설립	2011년(한국 법인 설립, UBIC Korea)
한국 매출	56억 2,860만 원
한국 인원	25명
홈페이지	http://www.fronteo.com/kr/
채용사이트	—
이메일	recruit_kr@fronteo.com
문의	02-350-3000

☑ foreign affiliated
090

㈜쿡메디칼코리아

Cook Medical

제품/서비스	의료기기
회사 소개	»» 최소침습시술(MIS) 시행에 사용되는 의료기기 발명, 도입한 인터벤션(중재적) 시술을 보급한 선도회사 »» 아시아 태평양 지역에 경피적 도자술 제품 최초로 도입 »» 전 세계 14개의 생산지를 비롯하여 각국에 지사를 가지고 있는 다국적 기업 »» 1970년대부터 주로 총판을 통해 한국에서 비즈니스 시작 »» 2007년 서울에 쿡메디칼코리아 설립, 쿡메디칼의 자회사로서 활동 중 »» 주요 고객: 한국 전역 400개가 넘는 종합, 준종합 병원과 의원
본사 국가	미국(U.S)
글로벌 설립	1963년
글로벌 매출	2,234억 원 이상
글로벌 인원	—
한국 주소	서울 영등포구 국제금융로 10 국제금융센터 Three IFC 32층
한국 설립	2007년
한국 매출	384억 4,211만 원
한국 인원	71명
홈페이지	http://www.cookmedical.co.kr
채용사이트	https://www.cookmedical.com/careers
이메일	yujin.kim@cookmedical.com
문의	02-6292-3531

foreign affiliated 091

콘바텍코리아

ConvaTec

제품/서비스	의료 제품 및 기술
회사 소개	» Nordic Capital과 Avista Capital Partners의 소유 회사 » 전 세계 약 100여 개국 이상의 나라에서 비즈니스 운영 » 8개국의 11개 제조공장에서 제품 생산 » 주요 사업 분야: 장(요)루 관리, 상처 관리, 실금 및 중환자 관리 » 주요 제품: 장루 주머니, 아쿠아셀 상처 드레싱, 듀어덤 드레싱, Careline Leg Bag(누용낭: 배출물 보관주머니)
본사 국가	영국(United Kingdom)
글로벌 설립	1978년
글로벌 매출	1조 8,434억 9,680만 원
글로벌 인원	9,000명(2016년 기준)
한국 주소	서울 강남구 삼성동 영동대로 112길 66 아메리칸스탠다드 빌딩 4층
한국 설립	2008년
한국 매출	—
한국 인원	30명
홈페이지	https://www.convatec.co.kr
채용사이트	https://www.convatec.co.kr/about-us/careers
이메일	seung-a.song@convatec.com
문의	02-2031-0105

☑ foreign affiliated
092

(유)인그리디언코리아

Ingredion

제품/서비스	옥수수전분, 식물성 유지, 당류, 조제 동물사료 제조 판매
회사 소개	» 여러 식물 원료를 당류, 전분, 감미료, 기능성 밀가루, 섬유질 등의 소재로 가공해 다양한 산업 분야에 제공 » 주요 사업 영역: 베이킹, 음료, 유제품, 체중 조절 등 » 2012년, 인그리디언코리아는 인그리디언 각국 매출 기준 전 세계 6위를 기록 » 2014년, 〈포춘〉지가 선정한 전 세계에서 가장 존경받는 No.1 글로벌 식품회사 » 서울 본사와 이천 공장 보유
본사 국가	미국(U.S)
글로벌 설립	1906년
글로벌 매출	6조 6,000억 원
글로벌 인원	11,000명
한국 주소	서울 강남구 논현동 언주로 725 보전빌딩 14층
한국 설립	1999년
한국 매출	3,209억 4,484만 원(2014년 기준)
한국 인원	300명
홈페이지	http://www.ingredion.co.kr
채용사이트	http://www.ingredion.co.kr/AboutUs/career.html
이메일	recruit_korea@ingredion.com
문의	02-3485-1300

☑ foreign affiliated 093

(유) 그룹세브코리아

Groupe SEB

제품/서비스	주방용품, 소형 가전제품
회사 소개	» 그룹세브의 한국 법인. 세계적인 주방용품, 소형 가전제품 생산 기업 » 글로벌 대표 브랜드: 테팔(Tefal) » 세계 최초로 눌어붙지 않는 프라이팬 발명 » 테팔은 국내 주방용품 브랜드 인지도 1위, 브랜드 선호도 1위, 소형 가전제품 국내 소비자 인지도 최상위 브랜드 » 제품군: 주방용품, 전기주전자, 다리미, 그릴, 믹서기, 토스터기, 커피메이커, 찜기 등 » 2015년 테팔 뷰티 출시, 이미용 가전제품 론칭
본사 국가	프랑스(France)
글로벌 설립	1956년(Tefal 설립연도)
글로벌 매출	5조 7,241억 4,310만 원
글로벌 인원	24,927명
한국 주소	서울시 종로구 청계천로 35번지 관정빌딩 2층 그룹세브코리아
한국 설립	1997년
한국 매출	—
한국 인원	61명
홈페이지	http://www.tefal.co.kr
채용사이트	http://www.groupeseb-careers.com/en/Join-us/Our-job-offers-worldwide
이메일	ankim@groupeseb.com
문의	02-2262-4121

foreign affiliated
094

쉰들러코리아

Schindler

제품/서비스	에스컬레이터, 엘리베이터, 승강기 설치, 유지, 보수 서비스
회사 소개	» 쉰들러그룹은 세계 2위의 엘리베이터, 세계 1위의 에스컬레이터 생산업체로 수송 솔루션 기획, 제작 설치 서비스 제공 » 1977년, 중앙엘리베이터로 시작 » 2003년, 쉰들러 그룹 중앙엘리베이터 자본 전부 인수, 쉰들러코리아 출범 » 비전: "서비스 리더", 24시간 서비스 제공, 전국 30분 이내 출동 가능 » 2010년 '매우 불만족' 및 '불만족' 고객이 전체 고객의 1% 미만
본사 국가	스위스(Switzerland)
글로벌 설립	1874년
글로벌 매출	11조 1,533억 2,872만 원
글로벌 인원	45,000명
한국 주소	서울 영등포구 문래동3가 32번지 원터빌딩 7층
한국 설립	2003년(쉰들러그룹 중앙엘리베이터 자본 인수)
한국 매출	527억 240만 원
한국 인원	333명
홈페이지	http://www.schindler.com/kr
채용사이트	http://www.schindler.com/kr/internet/ko/careers/jobs.html
이메일	bora.kim@kr.schindler.com
문의	02-3470-2520

foreign affiliated
095

㈜한국다무라

TAMURA

제품/서비스	전자 부품, 첨단 자동 납땜장치 등
회사 소개	››› 일본 ㈜다무라제작소와 김병설의 자본 합작으로 설립된 한일 합작 법인 ››› 주요 제품: 리액터 및 각종 전류센서, 온도 휴즈, Pb-FREE 대응용 납땜장치 ››› 사업 분야 - 무역 대행업(다무라제작소) - 국내 생산(특히 리액터와 전류센서는 다무라제작소로부터 기술 이전을 받아 국산화 달성 - 국내에서 경쟁력 있는 제품 다무라 그룹에 수출 ››› 국내 유수의 대기업을 넘어 미주지역 및 해외로 사업을 확대하여 글로벌한 기업으로 거듭나고 있는 회사
본사 국가	일본(Japan)
글로벌 설립	1924년
글로벌 매출	—
글로벌 인원	5,634명(2016년 기준)
한국 주소	서울 강동구 성내로 58(성내동) 희성빌딩 401호(서울사무소)
한국 설립	2000년
한국 매출	65억 원
한국 인원	42명
홈페이지	http://www.tamurakorea.co.kr
채용사이트	http://www.tamurakorea.co.kr
이메일	tamkh@tamurakorea.co.kr
문의	02-489-5354

foreign affiliated
096

한국훼스토

Festo

제품/서비스	공압실린더 및 벨브
회사 소개	››› 공압 실린더 분야의 세계적인 업체 ››› 61개국에 250개 이상의 지사 보유 ››› 공압 드라이브, 전기 드라이브, 밸브 등 3만여 종의 공압 및 전기전자 제품 생산, 공장자동화시스템 제공
본사 국가	독일(Germany)
글로벌 설립	1925년
글로벌 매출	3조 3,186억 원
글로벌 인원	18,700명
한국 주소	서울 금천구 가산디지털1로 204
한국 설립	1980년
한국 매출	1,011억 6,629만 원
한국 인원	259명
홈페이지	https://www.festo.com/cms/ko_kr/index.htm
채용사이트	https://www.festo.com/cms/ko_kr/15806.htm
이메일	kr0nkp@kr.festo.com
문의	02-850-7111

☑ foreign affiliated 097

㈜엘텐엔브리지코리아

Lionbridge

제품/서비스	번역, IT Localization, 로고 인증 테스팅 사업
회사 소개	» 세계 최대의 localization solution 제공사 » 380개 이상의 언어 번역 » 27개국에 40개 지사 보유 » NASDAQ 상장 및 2015년 Forbes의 America's Most Trustworthy Companies 선정 » 다양한 언어 서비스 및 콘텐츠 솔루션 제공, 주요 업무는 번역, IT Localization, Content Creation(Technical Writing), 개발 및 테스팅
본사 국가	미국(U.S)
글로벌 설립	1996년
글로벌 매출	6,269억 7,600만 원
글로벌 인원	6,000명 이상
한국 주소	서울 마포구 상암동 1605번지 누리꿈스퀘어 비즈니스타워 7층
한국 설립	1997년
한국 매출	40억 6,544만 원
한국 인원	61명
홈페이지	http://www.lionbridge.com
채용사이트	http://www.lionbridge.com/careers
이메일	hr_seoul@lionbridge.com
문의	02-787-9500

☑ foreign affiliated
098

클라란스코리아(유)

Clarins

제품/서비스	화장품
회사 소개	» 프랑스의 Jacques Courtin-Clarins 마사지 오일 개발로 시작 » 2015년, 유럽과 중동시장 스킨케어 1위 » 본래의 생산 과정을 따라서 프랑스에서 제품 개발과 제조 » 가족 경영회사 » 프랑스 클라란스 그룹의 투자로 한국 설립 » 현재 전국 52개 유명 백화점 입점, 지속적인 사업규모 확장
본사 국가	프랑스(France)
글로벌 설립	1954년
글로벌 매출	—
글로벌 인원	10,000명
한국 주소	서울 강남구 테헤란로87길 36(삼성동, 도심공항타워) 18층
한국 설립	1995년
한국 매출	—
한국 인원	250명
홈페이지	http://www.clarins.co.kr
채용사이트	http://www.groupeclarins.com/en/talents/join-us
이메일	recruit.kr@clarins.com
문의	02-542-9045

☑ foreign affiliated 099

ISFnet Korea

ISFnet

제품/서비스	IT 통합 솔루션, 전문 인재 파견
회사 소개	» 서버, 네트워크 구축, 운영 및 컨설팅 등 IT 통합 솔루션 제공업체 » 일본 전역 15개 지사, 해외 법인은 한국을 시작으로 중국, 싱가포르, 베트남, 인도, 말레이시아 등 총 8개 설립 » 한국에는 서울과 대전 법인 운영 » 주요 사업: Smart24 서비스, IT 통합 아웃소싱, IT-HR 아웃소싱, BI(Basic Infra) 비즈니스, 시스템 사업, 글로벌 비즈니스
본사 국가	일본(Japan)
글로벌 설립	2000년
글로벌 매출	—
글로벌 인원	2,546명(2017년 기준)
한국 주소	서울 강남구 삼성2동 34-2 키스톤빌딩 3F
한국 설립	2006년
한국 매출	41억 9,244만 원
한국 인원	200명
홈페이지	http://www.isfnetkorea.com
채용사이트	http://www.isfnetkorea.com/engagement/list.php
이메일	recruit@isfnet.co.kr
문의	02-514-7376

foreign affiliated 100

미쉐린코리아(주)

Michelin

제품/서비스	자동차 타이어, 부품 도매, 수입
회사 소개	» 세계적인 타이어 제조사 » 170여 개 국가에서 판매망 운영, 17개 국가에서 68개의 생산지 보유 » 운전자에게 유용한 정보(타이어 교체법, 주유소 위치, 레스토랑, 숙박시설)를 담은 미쉐린 가이드 발행(미쉐린 레드, 미쉐린 여행지도, 그린 가이드 컬렉션) » 한국 완성차(OE)와 타이어 시장에서 가장 높은 점유율 자랑 » 전국적으로 300개가 넘는 전문 판매량 보유
본사 국가	프랑스(France)
글로벌 설립	1889년
글로벌 매출	25조 5,239억 6,540만 원(2012년 기준)
글로벌 인원	111,708명(2016년 기준)
한국 주소	서울 강남구 삼성동 157-1, 삼성동빌딩 15층
한국 설립	1991년
한국 매출	1,000억 원
한국 인원	84명
홈페이지	http://www.michelin.co.kr
채용사이트	http://recrutement.michelin.fr/eng
이메일	recruiting@michelin.com
문의	02-6240-5515